Terra baixa
Drama en tres actes y en prosa
Àngel Guimerà

Terra baixa
Copyright © JiaHu Books 2014
First Published in Great Britain in 2014 by Jiahu Books – part of Richardson-Prachai Solutions Ltd, 34 Egerton Gate, Milton Keynes, MK5 7HH
ISBN: 978-1-78435-047-5
Conditions of sale
All rights reserved. You must not circulate this book in any other binding or cover and you must impose the same condition on any acquirer.
A CIP catalogue record for this book is available from the British Library
Visit us at: jiahubooks.co.uk

PERSONATGES	5
ACTE PRIMER	7
ACTE SEGON	52
ACTE TERCER	88

PERSONATGES

MARTA   TOMÁS
PEPA   MOSSEN
NURI   JOSEPH
ANTONIA   XEIXA
MANELICH   NANDO
SEBASTIÁ   PERRUCA
PAGESOS Y PAGESAS

La escena en la terra baixa de Catalunya y en nostres dias.

ACTE PRIMER

Casa-molí á pagés. La cuyna. Al fons, banda esquerra, una porta sobre dos grahons, que estará cuberta per una cortina. Al fons, banda dreta, porta gran que dona á un porxo. Pel costat dret del porxo s'anirá cap al lloch de las molas; més enllá del porxo hi haurá casas, arbres, etz. A la banda dreta de la escena una porta. A la banda esquerra, en primer terme, la llar, y en segon terme una porta petita. Al mitj de la escena una taula de menjar. Per tot cadiras, banchs, eynas del molí, sachs de blat, etz. Es al cayent de la tarde.

ESCENA PRIMERA
XEIXA garvellant blat. Després PEPA y ANTONIA.

XEIXA

Tant se me'n dona que quedi net com brut, aquest blat. (*Buyda'l garvell y torna á omplirlo.*) Té: y que li amargui al amo.

PEPA, *ve de fora ab un cabás ab monjetes per esclofollar.*

Deu vos guart.

XEIXA

Bo! Las d'aquí al costat!

ANTÒNIA, *entrant.*

Ola, Xeixa!

XEIXA, *indiferent.*

Ola.

PEPA

Vením á fer companyía á la Marta. Sembla mentida! El molí tocant á casa, y si nosaltres no vinguessim... Oy, Xeixa?

XEIXA, *seguint garvellant indiferent.*
  Oy.
ANTONIA, *cridant.*
  Marta! Marta!
PEPA, *cridant.*
  Som las Perdigonas. Surt!
XEIXA
  No sortirá pas la Marta. Ab aixó, si veniu á fer las tafaneras, ja us en podeu entornar, que no hi ha feyna.
PEPA, *asseyentse.*
  Qué vol aquest? Veurás: jo esclofollo las monjetas pel sopar. Ajúdam, Antonia.
ANTONIA, *á la Pepa.*
  Y pregúntali del casament.
PEPA, *a la Antonia.*
  Espérat.
ANTONIA
  Ápala, dona!
PEPA
  Donchs... Donchs, que's casa ó no's casa, la Marta?
XEIXA, *cantant y garvellant. Burlántsen.*
  «A la vora de la mar—n'hi ha una donzella...»
ANTONIA, *á la Pepa.*
  Tórnahi.
PEPA
  Xeixa: donchs que's casa?...
XEIXA
  Pepa!...

PEPA
   Qué hi ha?
XEIXA
   Donchs qué us caséu ó no us caséu vosaltres?
PEPA
   Ves ab qué sortiu are!
ANTONIA
   Qué n'heu de fer, vos?
XEIXA
   Com que ja l'heu passat el floret de la joventut... Que la Antonia ja deu anar pels cuaranta. (*A la Pepa.*) Y tu, minyona, si fa no fa!...
PEPA
   Es que no ens n'amaguém cap nosaltres d'any!
XEIXA
   Quants, donchs, quants?
ANTONIA
   No tením... els que'ns dona la gana!
PEPA
   Esclofolla, dona! (*Fent la carinyosa.*) Veuréu, Xeixa: nosaltres voldríam saber cóm está aixó de la Marta...
XEIXA, *no deixantla seguir.*
   No sé qué us passa á tots els Perdigons, que ningú us truca á la porta.
PEPA
   Es que si jo'm volgués casar!... (*Cremada.*)
ANTONIA
   Y jo, ves! Jo que... (*Ho han dit las duas juntas.*)
XEIXA, *no deixantlas dir.*
   El vostre germá gran, el Joseph, se va casar; y té, viudo als

cuatre dias. El Nando es solter, y... res, que á horas d'are us trobeu per mereixer entre mascles y femellas cinch de la germandat. (*El volen interrompre. Ell riu.*) Cinch de despariats, y que s'están al saltador... y no n'hi ha de fets. Y vaja, que si no's casa la Nuri quan siga més grandeta, se'n perdrá la mena dels Perdigons. (*S'entorna á garvellar rient desvergonyit.*)

PEPA

Tot aixó es de rábia, Antonia, perquè no s'ha pogut casar ab la Marta.

XEIXA, *cantant y burlántsen.*

«A la vora de la mar — n'hi ha una donzella — n'hi ha una donzella...»

PEPA

Y que'n debeu tenir de verí al cos d'ensá que's va morir el pare de la Marta! Vos us diríau, es clar: s'ha mort el moliner; are'm casarán ab la molinera. Y miréuse: d'aixó ja fa un any, y us l'espinyeu'l el casament, com nosaltres.

XEIXA

Val més que canti. (*Segueix cantant.*)

ANTONIA

Que'n te poca á la cara!...

PEPA

Esclofolla! Qué no veus que l'engreixas?

ESCENA II

PEPA, ANTONIA XEIXA y NURI, que ve fent una samarra de punt de mitja.

NURI, *de la porta.*

Ja he dut á jochs als indiots jo. Qué vinch?

ANTONIA

Y vína, dona!

NURI

Com que sempre'm renyéu perque m'estich ab la Marta. Es

que ella m'estima més que vosaltres. Ay, ay!

PEPA

    Be, digas: d'alló, d'alló.

    (*En Xeixa entra y surt del porxo fent feyna.*)

NURI

    De primer... De primer cullíume aquestos punts de la samarra. M'he enganxat per uns rebolls de tant depressa... (*Els hi cull la Antonia.*)

PEPA

    Bé, qué sabs?

NURI

    De qué?

PEPA

    Per qué t'hem fet anar á la hermita, donchs?

NURI

    Oh, no hi era'l Tomás! La hermitana sí, que m'ha dit unas cosas!... Y quinas cosas m'ha dit la hermitana!

PEPA, *á la Antonia que anava a parlar.*

    Deixa dir á la Nuri.

NURI

    Donchs m'ha dit: «Mirat, Nuri: tot aixó que veus, tot, tot es del hereu Sebastiá. La caseta en que viviu vosaltres, — vol dir la nostra, Pepa, — aquesta hermita, 'l molí, — aquest, aquest, — el mas gran ahont viu l'hereu Sebastiá, tot aixó que sembla un poblet escampat, tot, tot es del hereu Sebastiá.» Ves si me'n ha dit de cosas!

PEPA

    Aixó ja ho sabiam.

ANTONIA

    Y tal, dona!

NURI

Oh! Esperéuse, esperéuse, que encare'n sé més, encare. M'ha dit que si caminava, caminava... d'are fins á demá al vespre, encare tot, tot fora del hereu Sebastiá. Veuréu, veuréu: que si agafo un aucell, que'l deixi, qu'es del hereu Sebastiá; que si passa un llangardaix, que no l'apedregui, qu'es del hereu Sebastiá; que si corre un barp per la riera, que no'l pesqui, qu'es del hereu Sebastiá!...

ANTONIA

Be, si!

PEPA

Y d'aquí, d'aquí, qué t'ha dit?

NURI

Donchs jo aixó no ho sabia, y ella, la hermitana, y l'hermitá, que fa cuatre dias qu'han vingut, ja ho saben.

PEPA

Y ahont era l'hermitá?

NURI

L'hermitá? L'hermitá se'n havia anat á buscar el pastor; un pastor qu'es de molt lluny, molt lluny, per casarlo aquest vespre ab la Marta.

PEPA, *alsantse.*

Ja m'ho temía jo!

ANTONIA

Aquest vespre?

XEIXA, *tornant al garvell. Apart.*

Té; ellas ho han sapigut!

ANTONIA

Y qui li ha fet anar al Tomás?

PEPA

El Sebastiá. Oy, Nuri?

NURI, *que vol fer samarra.*

Ay, que m'amohineu!

ANTONIA

Digas, digas.

PEPA

Y que no te'n passis res!

NURI

Li ha fet anar l'hereu Sebastiá. Com qu'ell es l'amo de tu, y de mí, y del hermitá, y de la Marta, mirat, ell fa'ls casaments, y mirat, se casan, y... mira't... es l'amo. Plegam aquest punt, corre. (*No li fan cas.*)

ANTÒNIA, *al Xeixa*

Y aquest que no ho volía que ho sapiguessim!

PEPA

Doncs hi anirém, hi anirém al casament, mal que tots se reventin.

XEIXA

A mi si que...!

NURI

Jo ja fa temps que ho sabía, que la Marta ho deya qu'era del hereu Sebastiá; sinó que no ho entenía, alashoras, ves. (*Riu ab candidés.*)

PEPA

Qué diu, aquesta!

NURI

Jo, jo. Que ho vaig sentir un dia: sinó que no us ho vaig dir a vosaltres perque me'n donava vergonya. Y jo no ho sé perque me'n donava de vergonya; peró me'n donava!

PEPA

Veyám, qu'es, aixó; veyám.

13

NURI

Donchs una tarde, jo que tenía'ls indiots á l'ombra dels castanyers, me veig venir pel camí de baix al hereu Sebastiá y á la Marta, y jo que m'amago; y ells que passan poch á poch, poch á poch, com si fessin *passeyo*, y sento que deya ella plorant: «Ja ho sé, ja, que sempre tindré de ser teva.» Y ell, l'amo, l'amo que li va fer de contesta: «Jo, encare que tu't casessis, y encare que jo'm casés, sempre seré teu.» Teu volía dir qu'ell sempre seria de la Marta. Oy qu'es estrany?

PEPA

Qué't deya jo, Antonia?

ANTONIA

Aixó deiyan?

NURI

Sí que ho deyan sí; y ella plorava, y ell sério.

XEIXA, *apart*

Fins las criaturas s'han d'enterar d'aquestas cosas! Jo no ho hauría de permetre, que passés avant, aixó!

NURI

Pepa, explícamho, aixó. Que la Marta siga del Sebastiá, com tu y com jo... ja ho entenc; peró qu'ell siga de la Marta...

PEPA

Be; deixaho corre.

XEIXA

Al menos calléu are que ve la Marta.

PEPA

Veurás; ja ho coneixeré jo desseguida si está contenta.

ESCENA III

MARTA, PEPA, ANTONIA, NURI; *després* JOSEPH y NANDO. *Las donas creuhen que la MARTA sortirá de la porta que está cuberta ab la cortina, mes ella ve del molí. Avansa cap al mitj de la escena ab el cap baix, y al adonarse de las donas se fica de pressa per la* porta de la cortina.

ANTONIA
 Te; si ve de las molas! Y nosaltres que'ns pensavam...
PEPA
 Veyám qué'ns dirá quan ens vegi.
ANTONIA
 Jo'm penso que resa. (*Cridantla.*) Marta!
NURI
 Si se'n va!
PEPA
 Marta! Marta! (*Ella se'n va més de pressa.*)
ANTONIA
 Som nosaltres
(*Ja es fora. En Xeixa se n'ha anat are cap al porxo.*)
PEPA, *girada cap á la cortina*
 Veurás: tant es que fassis com qué no fassis, que hi vindrém al casament. Poca vergonya!
NURI
 Aixó! Que n'hem d'aprendre de casarnos nosaltres.
PEPA
 Are que ho sápigan el Joseph y'l Nando.
ANTONIA
 Si ja son aquí'ls germans!
(*Venen ab les eynas del camp á coll y entran depressa y cansats en Joseph y en Nando.*)
JOSEP
 Ja ho sabém tot, tot. (*Ràpit.*)
NANDO
 Aquest vespre's casa. (*Id.*)

PEPA

Jo ho he sapigut de primer, jo.

JOSEPH

Nosaltres, que'ns ho ha dit el Perruca.

ANTÒNIA

A nosaltres la Nuri...
(*La Nuri mentrestant fa samarra.*)

PEPA

Que li ha dit la hermitana. (*Tot molt animat.*)

NANDO

Donchs al Perruca l'hermità mateix.

PEPA, *perque no cridin*

Qu'ella es allà dintre que s'empolayna!

JOSEPH

Donchs ho sabém tot, tot. Veuréu: feya dias que l'hereu Sebastià li buscava un marit a n'aqueixa, y no n'hi trobavan cap que li fes, perque volía un marit que fos ben bestia, y més bestia que tots els de per aquí no'l trobavan. Y es que volía que no sapigués res de...

NURI

De qué?

PEPA

Digas, Digas.

JOSEPH

Donchs l'hermità, que no pensa mal, va dir al amo que coneixía un minyó qu'es pastor, y que no s'havia mogut may de la vora dels moltons allà pels camins de las Punxalas, y qu'era un tros de pa. Al sentirho, l'amo va esclafir a riure, perque ja'l coneixía á n'aquell beneyt de pastor. Com qu'era d'ell el ramat que guardava! Y va dir al Tomás que, sí ell s'hi avenía, ja li feya pessa. Y no sé com s'ho van enjiponar que, tot d'amagat, aquests dias ja la Marta l'ha vist á n'ell y ell ja l'ha vista a la

Marta, y tot està a punt per avuy. Afiguréuse si és rucás, el Manelich! Li diuhen Manelich, sabeu? Donchs afiguréuse si ho es, de rucás, que ab prou feynas ha vist quatre persones en sa vida, y encara mascles, que de donas... potser ni la ferúm n'ha sentit, de las donas.

PEPA

    Eh que sembla mentida, Antonia, que hi hagi xicotas que's casin aixís?

NURI

    Pobre Marta! Ay, ay! Donchs a mi m'estima forsa, la Marta! Y fins un dia, plorant, me va dir qu'era igual que jo quan era petita.

PEPA

    Com tu? Quant pagaría! Ves dihent, Joseph, corre.

JOSEPH

    Veuréu: ahir va sortir de la hermita'l Tomás á buscar al Manelich perque's casin totseguit qu'arribi. Que no l'han volgut aquí fins al casament perque no s'enteri de res. (*La Nuri vol replicar y no la deixan.*)

PEPA

    I cóm ho sabs?...

JOSEPH

    L'hermità, al anar ahir cap a las Punxalas, s'aturà á beure al mas Perruca, y tot satisfet ho va contar al hereu Perruca, y'l Perruca á n'á mí. Oh! Y que ho va contant á tothom d'aquestos vols! Y que aquí no s'ho pensen, y's trobarán que vindrá una gentada al casament.

PEPA

    Y quin paper més lleig que fa, l'hermitá! Echs!

JOSEPH

    Es que'l Tomás no ho sab, tot aixó del Sebastiá y de la Marta... Que no ho veyéu que fa quatre dias que'l pobre vell te la hermita?

ANTONIA
> Donchs jo ho diré tot, y no's fará'l casament.

JOSEPH
> Rehira de!... Sí, xerreu, y l'amo que'ns prenga la casa y las terras!

PEPA, *á l'Antonia*
> Nosaltres mudas.

NANDO
> Res, res; ja s'ho trobarán.

JOSEPH
> L'amo tot ho fa be, que's l'amo! Ho sentiu, rucas?

PEPA
> A qui dius rucas! Tu sí qu'ets ruch, tu!

(*Segueixen insultantse tots.*)

NANDO
> La Marta!

MARTA, *cremada y plorosa*
> Fora tothom d'aquí! No vull veure á ningú!

PEPA
> Si ja ho sabém tot, dona.

MARTA
> Que us en anéu, dich.

JOSEPH
> Es que nosaltres veníam...

MARTA
> A casa vostra! (*No's mouhen.*) Que us en aneu! Donchs...! (*Agafant eynas, cabassos y tirántloshi tot cap al porxo.*) Teniu! Tot! Tot! Aneu! Aneu!

(*Se'n van replicant.*)

PEPA

Ay! Las monjetas! (*Arreplegantlas de terra.*)

NURI

Y jo també, Marta!

(*La MARTA no s'hi ha fixat en ella.*)

PEPA

Ajudam, Antonia. (*Per las monjetas.*)

MARTA

Tots! No vull ningú! Fora!

NURI

Si soch la Nuri! (*Los altres ja van desapareixent.*)

MARTA, *carinyosa.*

Tu, Nuri! Vina; fesme un petó! Te, y te. (*Besant-la y plorant.*) Déixam! Déixam!

NURI, *sortint.*

Pobreta! No sé qué deu tenir! M'ha mullat la cara!

ESCENA IV

MARTA

No sé perque tinch de plorar d'aquesta manera! Tants anys que no ploro aixís!... Si jo'm pensava que ja ni'n sabía! *(Se va aixugant ab pausas.)* Jo havía de dir que nó, y sempre que nó, al Sebastiá; que per forsa no m'hi casarían! Are ho veig, are, lo desgraciada que soch! *(Pausa.)* Si no soch ningú jo, ningú; que'm van agafar com á una bestia, y com una bestia m'han criat; y are!... Mareta meva! *(Pausa.)* Jo no'l vull, nó, á aquest home! Jo no l'haig de voler al Manelich! Que'm deixin estar tota sola! *(Petit remor fora.)* Será'l Sebastiá: que no ho vegi que ploro, que'm pegaría'l malas entranyas! Si ell me pegava fins que'm matés, sí que ploraría, sí; sí que ploraría. Mes el Sebastiá també deu patir casantme á mí are; perque si no'm portés voluntat, ell prou que'm llensaría! Y, te, nó; que'm vol aquí; aquí sempre, sempre! *(Pausa.)* Que'n dech ser de dolenta jo! Dolenta d'aquí ben endintre! *(Per son cap.)* Perque si no ho fos tan de dolenta, tindría més esperit jo, y ja fa temps qu'hauria fugit d'aquesta casa, ó m'hauría tirat pel xuclador de la resclosa! *(Rabiosa contra ella mateixa.)* Y no m'hi tiraré ni avuy mateix; y fins m'hi casaré ab aquest home! *(Remor á fora.)* Qu'es aixó á fora! Será'l pastor! Sí, sí; será'l Manelich! Jo no'l vull veure! Jo no'l vull veure! *(Fuig cap á dintre.)*

ESCENA V
NURI, TOMÁS, XEIXA, PEPA y ANTONIA

NURI, *corrent.*

L'hermitá! L'hermitá!

TOMÁS

Ay! Ay! Y quina cruixidera als ossos, Xeixa!

PEPA

Y donchs, que no ha baixat aquell pastor?

(*En Tomás s'ha assegut.*)

NURI

Se diu Manelich. Quin nom més bufó! Fa cabrit, oy?

ANTONIA

Y que no baixa?

XEIXA

No l'amohinéu al Tomás.

TOMÁS

Veuréu: el Manelich ja tresca á horas d'are; sinó que'l minyó ha tingut d'ensinistrar al home que's queda ab el remat. Mes diguéu á la Marta que no trigará, nó, que ja pot fer tocar las campanas!

PEPA

Anémhi, y veurém qué fa.

ANTONIA

Jo devant, jo.

NURI
 Jo li diré, jo.
XEIXA, *cridant.*
 Aquí totas! Desseguida!
TOMÁS
 Quan penso que jo l'hauré fet aquest casament tinch una mena d'alegria!...
XEIXA
 Y tant mateix s'hi casará aqueix pastor ab la Marta, Tomás?
TOMÁS
 Qué si s'hi casará dius? Si está boig de content, l'home! Pobret! Aixó per ell es com si tornés á neixer.
PEPA
 Es que jo he sentit a dir qu'es un totxorrot.
ANTONIA
 Sí, sí; un babau.
XEIXA, *apart.*
 Jo li haig de contar tot al Tomás.
TOMÁS
 Babau!... Qui ho diu qu'es un babau'l Manelich? Es un ángel de Deu. Tot bondat, y ab un cor! Que prou jo'l conech de quan el tenía de rabadá. Aixó sí, també te'l seu geniot, també; qu'un dia de poch no mata un home.
ANTONIA
 Y cóm es? Cóm?
NURI
 Jo'm penso que deu ser més bonich!
PEPA
 Calla, dona, calla.

TOMÁS, *molt alegre.*

Donchs veusaquí que hi he arribat que encare no era ben be de dia, y me'l trobo encare dintre la jassa voltat dels bens y cantant, l'home. Els gossos quan m'han sentit, quins lladruchs! Jo'm penso que'l Manelich m'ha pres per una mala cosa, perque anava á agafar la escopeta. Conteu quan m'ha vist! S'ha posat á saltar com... com una daixonsas; perque n'está d'enamorat! (*La Pepa y la Antonia se'n burlan.*)

NURI

Pepa: y se salta si s'está enamorat? Y cóm se fa per estarho?

TOMÀS, *rihent.*

Aquesta m'ha fet riure! Cóm se fa, tafanerota? Se n'está, vetho aquí; que aixó no s'ensenya ni á la Doctrina, ni á estudi, ni... ni... Se n'está y prou. Si ell m'ha dit que tot el dia se'l passa enrahonant ab la Marta! (*Las donas no ho entenen.*) Sí, sí: per fershi. Ca! Si te una cabrota que tot lo dia la crida: «Marta, assí! Marta, allá!...» (*Tots se posan á riure.*) Y are sortím á fora, que está per arribar el Manelich.

(*S'alsa per anar á fora.*)

NURI

Aném!

PEPA, *al Tomás.*

Agaféuse.

TOMÁS

Ja puch are. (*Van cap á la porta.*)

XEIXA

Esperéuse, Tomás.

ANTONIA

Aném, aném. (*Surt.*)

NURI, *empenyent á la Pepa.*

Surt! Depressa!

TOMÁS, á Xeixa.

Qué hi ha?

XEIXA

Escolteu. Qué no hi havíau estat may per aquestas terras?

TOMÁS

No, fill.

XEIXA

Ni al mas del amo, ni aquí?

TOMÁS

Veurás: jo menava terras d'un oncle del Sebastiá, d'allá vora Figueras. Y ja no podía, en bona refé. Y'l Sebastiá m'ha donat la hermita per mí y la dona. Y si tu ja ho sabs que fa cuatre dias que hi som!

XEIXA

Es á dir que vos no sabeu res de...

TOMÁS

De qué? Parla clar, home.

XEIXA

Donchs, clar; veuréu. Que si'l Manelich es un ximple, com diuhen, no's te de casar ab la Marta; y si no ho es, menos.

TOMÁS

Potser sí que t'hi voldrias casar tu! Mirat que ja us conech á vosaltres!

XEIXA

Jo? Ni que me la donessin coberta d'or á la Marta la voldria. Y mireu: busco amo per anármen, que prou n'hi he aguantat de cosas. Mes aquesta pillastrada qu'are farán aquí no la aguanto.

TOMÁS

Digas, digas, que no m'agrada fer mals pensaments.

XEIXA

No ho sé si ho sabeu com va comensar aquest tripijoch. Veuréu; aném al gra. La Marta, qu'era una minyoneta, captava pel mon ab son pare... ó un que li feya de pare, que aixó may ho he vist clar. Y'l Sebastiá... m'enteneu?, els va fer quedar als dos en aquestas terras, y al vell li va donar, perque'l portés, aquest molí.

TOMÁS

Aixó ja ho sabía. Y ben bé que va fer el Sebastiá.

XEIXA

Donchs ho va fer...

TOMÁS

Digas.

XEIXA

Si sembla que no'm vulgueu entendre! Donchs ho va fer, vaja, perque la Marta y'l Sebastiá...

TOMÁS

Aixó es mentida! Embusterás!

XEIXA

Esperéuse. Y sabeu are perque la casa?

TOMÁS

Que't dich qu'ets un embustero! Ho sents?

XEIXA

Deixéume dir! Donchs la casa á fí de que la gent no enrahoni. Perque'l Sebastiá te empenyadas las hisendas y'ls remats, y'ls tribunals están per tirarshi assobre. Y ell per salvarho tot s'ha de casar ab una pubilla. Sinó que no la haurá la pubilla mentres que no's crega tothom que s'ha acabat aixó de la Marta.

TOMÁS

Te torno á dir que aixó es mentida!

XEIXA

Si lo de la Marta ho sab tothom aquí!

TOMÁS

Mala llengua! Vésten d'aquí, sinó!... *(Amenassantlo.)*

XEIXA

Donchs digueu que vos hi consentiu!

TOMÁS

Que jo hi consento!...

XEIXA

Sí qu'ho he dit, sí!

TOMÁS

Dolent! Mal esocrpit!

XEIXA

Sí qu'ho he dit, sí!

(Van á agafarse quan se senten erits fora.)

ESCENA VI

MANELICH, XEIXA, TOMÁS, NURI, PEPA, ANTONIA, JOSEPH, NANDO y PERRUCA, homes y donas. Crits y gatzara de tothom. S'anirá fent fosch.

JOSEPH, *desde'l porxo.*

Ja es aquí'l Manelich!

CRITS, *fora.*

El nuvi! El nuvi! El Manelich!

PEPA, *entrant.*

Que no surt la Marta!

NANDO, *ab dos ó tres d'altres entrant.*

El nuvi! El nuvi!

MANELICH, *entrant.*

Y que sí que hi soch aquí! Y com una dayna qu'he vingut corrent! *(Molt espressiva la alegría.)*

NURI, *entrant ab Antonia y Perruca y altres.*
    Deixéumel veure! Jo'l vull veure!
TOMÁS, *rihent, al Manelich.*
    Y quin corre'l bona pessa!
MANELICH, *al Tomás.*
    Y no per vos, nó; per ella que corría! Ahont es, ahont la meva galindayna?
PEPA
    Marta! Marta!
TOMÁS
    Are sortirá, are.
MANELICH, *pels que'l voltan.*
    Que gent que hi ha ai mon, Mare de Deu! Si sembla que siguem á Núria!*(Tots riuhen. Ell corre á mirar per la porta de la cortina y torna al mitj.)*Vosaltres tots qué contents! Y jo també! Tírali! Sinó que si'm giro cap á montanya'm poso xup, que ploraria; que hi deixo'ls moltons y'ls gossos que m'estiman com á germans, mal m'está'l dirho! *(Mitj plorant.)* Ay, Tomás, sense jo'l llop!
(Ploriqueja alt. Tothom riu, y ell, al adonársen, s'axuga'ls ulls y riu bondadós. De cop se'n va á mirar per la porta de la esquerra per si hi ha la Marta.)
NURI, *rihent fort quan ja'ls altres no riuhen.*
    Ay, que'm fa riure'l trapasser!
TOMÁS
    Au, reposa, home.
MANELICH
    Donchs que no hi baixa per aquí'l llop, minyons?
XEIXA
    Massa que hi vé, rehira! Ja'l veurás, ja, si Deu no t'ajuda!
(Riu la geni maliciosament, y'ls uns als altres se diuhen que dissimulin.)

MANLEICH
  Sembla que avuy nos casém tots aquí. Quin riure!
TOMÁS
  Que tanta gresca! Aneu fora, aneu; encare trigará'l casori. *(En Xeixa també'ls vol treure.)*
MANELICH
  No'ls tragueu, nó; fins que surti la Marta. Oy qu'es guapa la Marta, minyons? Oy? Oy? Oy qu'es guapa? *(Ha anat d'un grupo al attre pregunlantho, ficantse pel mitj atolondradament.)*
PEPA
  Prou! Y fresca, y... dallonsas...
JOSEPH
  Ja ho crech! *(Tots han anat dihent que sí.)*
MANELICH
  Donchs mentres qu'ella's clenxina allá dintre, y's renta la cara... per mí que se la renta, per mi la cara... vos contaré á tots, vaja, cóm s'ha enjiponat aixó de que'ns aparellessin. *(S'asseu á la taula.)*
JOSEPH
  Conta, conta. *(Altres ho diuhen ab ell.)*
PEPA, *y altres.*
  Digas, digas.
NURI, *posantse dreta á vora d'ell.*
  Jo aquí. Jo aquí.
(En Xeíxa s'estará moll temps dintre'l porxo sense que se'l vegi. En Tomás estará assegut lluny, trist.)
MANELICH
  Vetaquí que jo cada vespre quan els bens s'ensopían y'ls gossos feyan el cap viu al entorn de la jassa, 'm ficava á la barraca, y avans de que fes cap el*Sant Sunyé*, vetaquí que deya dos Parenostres. L'un el deya per la animeta del pare y de la

mare, que, com s'estimavan tant, ja se'l partían, y l'altre Parenostre'l deya cada cespre, sabéu? perque Nostre Senyor me trihés una... una bona muller. *(Riu tothom. En Manelich se crema.)* Y que no rigueu d'aixó, qu'aixó no es cosa de riure! *(Cremantse més perque segueixen rihent.)* Y al que torni á riure li clavo una bofetada.

(Tots deixan de riure.)

TOMÁS, *apart.*

Però sí jo no ho puch creure aixó. Reyna Santíssima!

NURI

Digas, digas, qu'es més bonich aixó!

MANELICH, *tornant á posar la cara complascuda.*

Sí, sí que ho es, sí! *(Rihent.)* Donchs veuréu que una nit jo que dich el Parenostre pels pobrets de casa, bueno. Y jo que comenso l'altre. Y á mitj dir... tururut; dormit. Y aquella nit vaig somiar que'ls remats me fugían de dret als gorchs de Caransá; y jo, empaytantlos, que'ls hi enjego un códol; y, batúa,'l códol va anar á dintre del gorch major! Y l'aygua que comensa á bullir, bullir, y á treure una mena de fum negre... Y entremitj d'aquell fum que'm surten unas... unas cosas estranyas, ab uns ulls y uns brassos y... y una mena de faldillas que may s'acabavan; que no ho sé si eran bruixas ó si no ho eran de bruixas. Y una d'aquellas... *envenzions* vetaquí que's va tornar més maca!... que semblava la Mare de Deu de Rocalaygua. *(Pausa, aixugantse la suhor, rihent.)* Y ella que'm fa agenollar. Y com que'm va semblar que volía que li digués el Parenostre aquell de la muller, que li devía, jo que li dich. Y en acabat jo que m'adormo altre vegada. Y no ho vaig saber si ho era una bruixa ó la Mare de Deu. Sols sé que 'm va dir, tot adormintme jo, que aviat me casaría. *(Tothom ho comenta.)* Calléu, calléu, que no he acabat encare. Y al endemá de tot alló jo que'm veig sortir d'entre la boyra terrala á cavall de tres mulas á tres personas veritables. L'una persona era en Tomás: vos, vos *malandando*, que ja me las pagaréu totas! Ah batúa!

(Rihent de broma.)

TOMÁS

    Jo, sí; y que no men' empenedeixo.
    (*Ab intenció picant á terra ab el bastó.*)

MANELICH

    L'altre era l'amo,'l *sinyor* Sebastiá, y l'altra persona ja us ho podeu pensar qu'era la Marta. Conteu jo quina feyna á escorxar un cabrit, y á espeterrellarlo al foch, y á riure!... Y quan ja'ns el menjavam, l'amo que'm diu: «Manelich: que t'agrada ser pastor?» «Prou!», jo li faig. Y ell que'm diu: «Y que no t'agradaría ser moliner?"» «"Si hi hagués blat per moldre!», jo que li faig. Y ell que hi torna: «Y que no t'agradaría casarte?» «Prou y reprou; —jo que també hi torno—si hi havía dona que'm volgués, y... fos maca!» Y jo allavoras estirava la carn del cabrit ab una dalera! Y'm giro; y la Marta se n'havia anat d'aquí enllá ab vos.

TOMÁS

    Perque parlessiu tu y l'amo.

MANELICH

    Com de fet que parlarem. Y que'l sinyor Sebastiá'm va dir molt seriás y baixet, que casi no'l sentía, que... «Veurás: tinch un molí tocant á casa, y com que's va morir el pare d'aquesta xicota, hi falta un home al molí que li fassa de costat y que siga un tros de pa. Y com que tu ho ets... si vols jo m'encarrego de tot, y quan jo t'ho mani, baixas y't casas ab ella.» Y com que la Marta no era gayre lluny, me la miro; y'm va semblar que ma'gradava... Vaja, que 'm va agradar forsa, forsa! Y l'amo s'hi va acostar, y jo al darrera. Y l'amo que li pregunta si'm volía á n'a mí. Y ella que fa una miqueta que sí ab el cap. Y jo, que anava á riure, al veure que ella feya com si plorés, també ho vaig voler provar d'enternirme; y no vaig poder, y Vaja, que no vaig poder; y... arrenco á riure tant fort que fins las montanyas contestavan! Y varem quedar promesos. (*Pausa.*) Ah! Y aquell vespre ja no més vaig dir un Parenostre: el dels de casa: que demanar muller, nó; puig ja la tenia. (*Riu y plora enternit.*)

NURI

    Plora! Plora! (*Estranyantho.*)

TOMÁS

    Be, home, per aixó no ploris.

MANELICH

    Es que ploro d'alegría. Qué vos sembla, companys? Qu'era la Mare de Deu ó qu'era una bruixa alló d'aquell vespre?

NURI

    La Mare de Deu! La Mare de Deu!
(*La gent contesta dihent qu'era una bruixa y rihent.*)

XEIXA

    Una bruixa! Una bruixa!

TOMÁS, *indignat.*

    Encare estás que'l Sebastiá!...

XEIXA

    El Sebastiá? Preguntéuho á n'ell, qu'are arriva.

ESCENA VII

SEBASTIÁ, MOSSEN, NURI, PEPA, ANTONIA, TOMÁS, XEIXA, JOSEPH, NANDO, PERRUCA, homes y donas, MARTA quan s'indiqui.

NURI, *perque calli tothom.*

    L'amo de tot! L'amo de tot!

SEBASTIÁ

    Que no ha arribat el Manelich?

MANELICH

    Si jo soch aquí, sinyor! Deixeu, que us vull besar la má!

SEBASTIÁ

    Nó, home, nó, apártat. Ahont es la Marta, Tomás?

(*En Xeixa torna á ser fora.*)

TOMÁS

    Oh!... Es per allá dintre.

SEBASTIÁ

    Mossen: veshi, y que surti.
(*En Mossen surt á cridar á la Marta.*)
MANELICH, *á Tomás per Mossen.*

    Qui es aqueix home?

TOMÁS

    El majordom del amo. Volía ser capellá avans.

SEBASTIÁ

    Manelich: tot ho teniu despatxat. Vos casaréu are, aquí á la hermita: com qu'es meva, tot está á punt. El rector ja hi será. La benedicció, y llestos.

MANELICH

    Y jo no vos ho pagaré may, sinyor; may!

MOSSEN, *al Sebastiá.*

    Diu que ja sortirá aviat.

SEBASTIÁ

    Cóm aviat? (*Cridantla.*) Marta! Que surtis, dona! (*Ab més imperi.*) Marta!

TOMÁS

    Jo us voldria parlar, tots sols, Sebastiá.

SEBASTIÁ

    Ja'ns lleurá, home. Gracias á Deu! La Marta!

MARTA, *ab un llum encés que deixa á la taula.*

    No teníu espera per res. (*Plorosa.*)

SEBASTIÁ

    Ja'l tens aquí al Manelich, dona.

MARTA

    Ja't vaig dir que quan siga l'hora estaría á punt. (*Nirviosa.*) Qu'es l'hora ja? Anémhi!

MANELICH

    Donchs que no'ns dihém res jo y tu?

MARTA, *apartánisen. Apart.*

    Jo no me'l! puch mirar á aquest home, què'm fa més fástich que'l Sebastiá mateix!

MANELICH, *al Tomás rihent.*

    Li faig vergonya!

PEPA, *á la Antonia.*

    S'hi casa per forsa!

SEBASTIÁ, *rabiós y dissimulant.*

    Marta! Que vull que li enrahonis! Que jo t'ho mano!

MARTA, *plorant.*

    Deu meu!

PEPA, *á la Antonia.*

    Plora la Marta, plora!

MARTA, *que ha sentit á la Pepa.*

    Qué hi ha de la Marta? Qué?

PEPA, *rihent irónica.*

    Deya qu'es guapo'l teu... promés.

MARTA, *rihent rabiosa y anant al Manelich.*

    Manelich: míram qu'estich alegre! Míram! Míram!

MANELICH, *rihent.*

    Y jo! Com qu'aixó es de riure!

SEBASTIÁ

    Párlali més, Marta; párlali!

MARTA

    No! (*Volguéntsen anar.*) Ja torno desseguida jo.

SEBASTIÁ, *agafantla pel bras.*

    Rehira de!... Qué t'he dit jo!

MOSSEN, *á Sebastiá.*

Qué feu! *(Rihent y alt.)* Donchs y'l vestit nou? Que no se'l posa'l nuvi?

SEBASTIÁ, *dominantse.*

Tens rahó, que no hi pensavam de vestir al bon mosso; al... al letxuguino, *(Tothom riu burlántsen.)*

NANDO

Letxuguino!

JOSEPH

Li han dit letxuguino! *(Mentrestant en Tomás parla ab molt interés ab Mossen. La Marta está de colzes á la taula amagant la cara entre las mans. En Manelich s'ha quedat de cop parat, no entenent aquellas paraulas.)*

MANELICH

Bon mosso... Si vol dir tirar dret ab la fona, y botre com els isarts singles avall y singles amunt, y dur la Marta á coll-y-bé saltant las passeras de Riu-blanch quan las neus se fonen, oydá, sí que'n soch de bon mosso! Mes... *(S'atura á escoltar.)*

PERRUCA, *á Nando, reventantse de riure.*

Li han dit letxuguino!

NANDO, *á Perruca, id.*

Letxuguino!

MANELICH

Mes aixó de letxuguino... *(Tothom riu fori. Després de veure qu'encare riuhen se posa furiós.)* Vull saber qué vol dir letxuguino! *(Rialla més forta. Agafa ab rabia al Nando. Las donas xisclan.)* Aquest que ho diga! *(La Marta parlava al Sebastiá y se'n deixa.)*

NANDO

Vol dir... no ho sé! Vol dir.-. currutaco!

MANELICH, *deixantlo convensut.*

Bueno, aixó sí. *(Repensantse y molt cremat altre cop.)* Y qué vol dir currutaco? *(Altra rialla de tothom)* Currutaco, qué vol dir? *(Agafa un de la gent.)* Tu, que parlis! *(Li fan deixar xisclant las donas. Corre darrera d'altres.)* Qué vol dir currutaco! *(Pega als que atrapa, furiós.)*

MARTA, *apart.*

Y's deixan pegar per aqueix poca-vergonya!

SEBASTIÁ

Manelich! *(Dominant la gatzara imperatiu.)*

MANELICH, *calmantse en sech.*

Ay! Té, are m'enfadava jo!

SEBASTIÁ

Que en aquell cuarto tens un vestit nou pel casament, y que te'l vagis á posar desseguida.

MANELICH

Donchs vingueu tots, y m'ajudaréu. Y riurém forsa: que no'm vull enfadar avuy!

(Els homes se'n anirán per la porta de la dreta ab en Manelich.)

PEPA

Veníu, que guaytarém per la finestra!

ELLAS

Anémhi! Anémhi! *(Surten pel fons.)*

MANELICH, *al anársen.*

Que no'm vull enfadar! Que no'm vull enfadar!

(Entre la gresca dels homes.)

TOMÁS

Jo are us voldría parlar, Sebastiá; que convé molt.

SEBASTIÁ, *cremat.*

Home!... Veuréu, Espéreume á fora, que surto.

TOMÁS
    Donchs vos hi espero. *(Surt.)*
SEBASTIÁ
    Veshi, Mossen, y me l'entretens; que no sé ab qué surt are. *(Lo que segueix que no ho senti ta Marta.)*
MOSSEN
    Deixéulo per mí.
SEBASTIÁ
    Ah! Fes dir al rector que desseguida qu'ells sigan á la hermita que'ls casi; y que no m'esperin.
MOSSÈN
    Y vos are despatxeu al Xeixa, que ho ha xerrat tot al Tomás.
SEBASTIÁ
    Ah, sí? Donchs á fora, y desseguida! Y... veuràs, vina. *(Apartantlo més de la Marta.)* Que may se t'escapi á la Marta que'l Manelich no'n sab res...
MOSSEN
    De debó li heu fet creure qu'ell se casa sabentho tot, y que hi passa?
SEBASTIÁ
    Com t'ho dich que s'ho creu.
MOSSEN
    Llestos. *(Surt depressa pel porxo.)*

ESCENA VIII

MARTA y SEBASTIÁ. Ella s'ha estat de colzes á la taula y la cara á las mans fins are.

SEBASTIÁ
    Marta.
MARTA
    Sebastiá: ja pots tirar pel cap que vulgas; jo no'm vull casar ab aquest home!

SEBASTIÁ, *rihent.*

Sí, eh? Tu haurías volgut un marit... més com cal. No es aixó, tontota?

MARTA, *apartantse.*

Nó... Oh, nó!

SEBASTIÁ

Un marit que t'enamorés cada dia, y que tu .. mírat, any nou vida nova! Y que la sap llarga la meva granoteta de pluja! Donchs que no te'n recordas que't vaig treure d'en mitj del ayguat que t'hi ofega-vas ab ton pare, Marta? *(Ell l'ha volguda amoixar y ella s'ha anat apartant. En Sebastiá cambia de cop, cremantse.)* Marta!... Aquí, aquí, Marta; desseguida seguida! *(L'ha agafada ab rabia pel bras. Quan la te espantada fa una rialla que li fa més por encare.)*

MARTA

Sebastiá: no'm casis ab aquest home. Jo t'ho demano... per l'ánima...

SEBASTIÁ

Deixa estar als morts, dona! Y... veyám: que't fa fástich el Manelich?

MARTA

Sí! Molt!... Cóm vols que t'ho diga?!

SEBASTIÁ

Si, eh? Donchs aixó es lo que jo vull. Y no t'ho pensas pas la alegría que'm donas! Tu't pensas que si t'agradés jo t'hi faría casar ab aquest home? Encare que'm costés la hisenda y la vida no t'hi casarías!

MARTA

Verge Santíssima!'M sembla mentida que s'hagi trobat un home prou rebaixat, que, sent jo com soch, y ell sabentho,'m vulga encare'l poca-vergonya!

SEBASTIÁ, *satisfet de la antipatia d'ella per el Manelich.*

Pts! Es clar que se'n troban!

MARTA, *plorant.*

Jo era una criatura quan te vaig coneixer. Y no he sigut lo que he sigut per interés, que prou ho sabs tu! A mí tu no'm vas comprar, y á n'ell lo compras. A quin preu no ho sé; mes sé que'l compras.

SEBASTIÁ

Si no li dono res, dona! Ja está content de que'l deixi viure aquí á sopluig tota la vida. Pero tu no't donguis per entesa de res ab ell, que'l xicot fará com si no'n sapigués res de tot aixó, m'entens?... *(Rialla á dintre dels qu'están ab en Manelich.)*

MARTA, *fugint de la banda ahont han rigut.*

Jo me'n aniré d'aquí avans de casarmhi!

SEBASTIÁ, *rihent.*

Bo!

MARTA

Nó, no me'n aniré; que'm tiraré per la resclosa; que jo'm vull morir avans de que aquest home!...

SEBASTIÁ, *enérgicah y rabiós.*

No te'n anirás, ni t'hi tirarás á la resclosa!'M sents, Marta!'M sents? *(Agafantla pel bras,)*

MARTA

Me fas por, Sebastiá! Déixam!

SEBASTIÁ

Parlém clar, Marta. No t'he dit jo sempre que t'estimava á tú més que á tot lo del mon, y que t'estimaría sempre, sempre? *(Riallas á dintre que repugnan á ella.)* Y que no't deixaría may á tu, perque, encare que volgués, no podría deixarte? Respónme!

MARTA

No ho sé! Sí, sí!

SEBASTIÁ

Escolta; escolta. No sabs tu de cert, ben de cert, que si no entran diners á casa las tinch totas perdudas las hisendas? No t'he dit cent vegadas que no me la darán la pubilla Sala que no's pensin que tu y jo ja no som res, Marta? Que no ho sabs que l'oncle del mas Riutort m'ha desheretat per tu, y que si are tu't casas tot s'arreglará y podré treure las hipotecas y'ls embarchs que hi ha sobre'ls masos y las terras? (*Ella ab lo cap baix.*) Y, mírat: si jo no't portés tanta de voluntat, si no'm tinguessis tant... teu, Marta,'t diría: vésten, no tornis més; cásat lluny, y enganya á un altre que t'estimi. Mes jo no ho vull, nó, qu'ets meva, tota meva! Y sempre, sempre serás meva, que jo no't deixo, Marta, que ni que'm mori't deixo!

MARTA

Me fas mal! Apartat! (*Fugint cap á la banda del Manelich.*) M'has fet mal, y... m'espantas!

SEBASTIÁ

Por!... (*Alsantse.*) No ho vull que ho digas que'm tens por! Jo'l que vull es que m'obeheixis com sempre! Ho sents? Com sempre; y que m'estimis!

MARTA

Sebastiá!

SEBASTIÁ

Mira que no'm coneixes, encare que t'ho pensas que'm coneixes!

MARTA

Déixam, déixam. M'hi casaré, sí; m'hi casaré.

SEBASTIÁ

Y es clar que t'hi casarás!

(*Riallas del cuarto de la dreta.*)

MARTA

Venen, Sebastiá, venen.

(*Fugint de la porta de la dreta.*)

SEBASTIÁ, *rihent satisfet.*

Si fuges d'ell y tornas! Y aixó es lo que m'agrada.

ESCENA IX

MARTA, SEBASTIÁ, MANELICH, JOSEPH, NANDO, PERRUCA, y altres homes. Després PEPA, ANTONIA, NURI y altres donas. Per últim TOMÁS y MOSSEN.

NANDO, *surtint primer.*

Que no's vol posar el vestit nou!

JOSEPH

Que no's vol posar letxuguino!

MANELICH, *passant entremitj.*

No'm vull mudar, nó, que se'n riuhen! Y'm fa pena deixar la meva samarra! Ni'ls bens, quan pedrega, tant assobre meu! Apartéuse!

SEBASTIÁ

Donchs de cualsevol manera! Marta: la caputxa y sortiu!

MARTA, *al Sebastiá.*

Sí! Sí! ja hi vaig. Y entre nosaltres tot s'ha acabat!

SEBASTIÁ, *rabiós. Apart.*

S'ha acabat!... Sí, sí: aquesta nit torno!

NANDO, *als homes.*

Jo un cop casats toco la campana de la hermita!

NURI

Té, Marta, la caputxeta. (*Entra Tomás.*)

MARTA, *ab tristesa.*

Tú me la havías de dur. Nuri!

NURI, *carinyosa á la Marta.*

Oy que m'estimas are?

MARTA, *ab tristesa.*

Míratela, Sebastiá, á la Nuri. Quan jo vaig venir era com ella.

SEBASTIÁ

39

A la hermita tothom! (*Va sortint la gent.*)

TOMÁS, *á Sebastiá.*

Nó; fins que jo us haja parlat que no's casin.

SEBASTIÁ, *al Tomás.*

Deixéulos, que no's casarán fins que jo hi sigui. (*Al Mossen.*) Mossen, depressa; qu'enllesteixin depressa!

MANELICH, *sortint entremitj de la gent.*

Xup! Xup! El remat! El remat! Jo á la vora de la Marta! Fora! Fora!
(*Tothom ha anat sortint en confusió cridant; A la hermita! Aném á la hermita!*)

ESCENA X
SEBASTIÁ, TOMÁS y XEIXA

SEBASTIÁ

Au, Xeixa, á casament.

XEIXA

No hi vaig jo á casament.

SEBASTIÁ

Y aixó?

XEIXA

Perque no... No hi vaig. Y ja está dit!

SEBASTIÁ

Donchs agafa'ls trastets, y á fora de casa.

XEIXA

Aixó sí, veyeu? Y ab molta alegría.

SEBASTIÁ

Y desseguida! Alsa!

XEIXA, *apart.*

Fer lo farsell; y ja voldría ser ben lluny.
(*Ficantse per la porta de la esquerra.*)

SEBASTIÁ, *cremat á Tomás.*

    Donchs qué hi ha?

TOMÁS

    Que m'han posat en unas grans confusions y en unas grans angúnias; véusho aquí. Y jo voldría dirvosho, y no sé cóm ferho, Sebastiá.

SEBASTIÁ

    Be, rumiéusho y ja m'ho diréu un altre dia.

TOMÁS

    Que m'han dit, y perdoneu si peco, que vos havíau sigut per la Marta... aixís, cóm ho diré, com... com un festejador dolent, y que are enganyavau tots dos al pobre Manelich qu'es un bon minyó. Y com que jo d'aquest casament he vingut á ser com lo pare y padrí, us vinch á preguntar, Sebastiá, y no us ofengueu, fill, qué hi ha de tot aquest bum bum?

SEBASTIÁ

    Qué voléu que hi hagi? Res, home.

TOMÁS

    Eh que no hi ha res, Sebastiá? Si jo us ho conech per la cara qu'ells son uns xerrayres. Miréuse: devant de tothom els hi vull dir qui son ells y quí sou vos. Els dolents! Y are mateix que me'n hi vaig.

SEBASTIÁ

    Me voleu creure? No digueu res. Com que soch l'amo, á molts la enveja'ls rosega. Y qui ho paga ho paga.
    (*Ha tornat en Xeixa ah un farsell de roba y una manta. Recull alguna altra cosa de la escena.*)

TOMÁS, á Xeixa.

    Ho sents tu, mala llengua?

XEIXA

    Jo ja m'he descarregat la conciencia. Are vosaltres.

SEBASTIÁ

Si no'n podía ser d'altre que tu! Lo qu'has de fer es acabar ab aquest farsell, y que may més te vegi devant.

TOMÁS *á Xeixa.*

   Malagrahit! Després que't tenen tants anys aquí...

XEIXA

   No m'ho digüéu malagrahit, Tomás, que no saéu ab qui tracteu.

SEBASTIÁ

   Au, fora d'aquí! Sinó d'un revés te giro la cara!

XEIXA, *cuadrantshi devant.*

   Peguéume! Au!

TOMÁS

   Y gosarías? Contra'l teu amo?

XEIXA

   Ja no m'ho es l'amo: ni may que m'ho hagués sigut.

SEBASTIÁ

   Y per qué? Lladre!

XEIXA

   Lladre á mí! Rehira!... (*Deixant lo farsell y la manta.*) Teníu, donchs! Y are no me'n aniré sense dirho tot al Tomás, y al devant vostre, per confondreus! (*En Tomás el vol fer callar y conté al Sebastiá*) Donchs sí que ho diré, sí; que encarec'l sou l'amistansat de la Marta; que hi entreu aquí de nit y d'amagat per la porta del corral, que passeu pel corredor de dalt y per darrera d'aquella cortina; que jo ho he vist, jo!

SEBASTIÁ

   Deixéume! (*Al Tomás.*)

XEIXA, *al Tomás.*

   Y jo us ho juro qu'aixó es cert, y sinó que Deu me condempni. Y que ho juri ell si jo dich mentida. Veyám, veyám: no ho jura!

SEBASTIÁ

Y que tant de juraments! Anémsen, Tomás, y deixemlo.

XEIXA

Ja'l sentiu. Ja'n tinch prou jo.

TOMÁS

Verge dels Angels!

ESCENA XI

SEBASTIÁ, XEIXA, TOMÁS y MOSSEN

MOSSEN

Donchs qué fa l'hermitá? La vostra dona ha tingut d'encendre'ls ciris!

TOMÁS

Nó, nó; que s'aturin! (*Va cap á la porta.*)

SEBASTIÁ, *á Mossen.*

Que d'aquí no surti'l Tomás; de cap de las maneras!

MOSSEN, *al Sebastiá.*

Qu'es cas!

(*Surt Sebastiá. En Xeixa te't farsell al coll y riu sarcástich.*)

TOMÁS

Nó, nó; que no's casin!

MOSSEN

Qué diheu? Ahont voleu anar are?

TOMÁS

A privarho! A privarho!

XEIXA

Tomás; depressa! Y cridéu pel camí; depressa!

MOSSEN, *al Xeixa.*

Y deixéulo estar vos al avi!

TOMÁS

Nó, nó, que me'n hi vaig; que van á fer desgraciat á un pobre xicot!

MOSSEN

Que nó, us dich!

XEIXA, *apartant al Mossen.*

Apartéuvos. Aneu!

TOMÁS

Ah, sí! Hi corro! (*Toca la campana de la hermita y en Mossen se'n va rihent fort á la porta.*) Ah! La campana! Ja no s'hi es á temps! Ay Deu meu! Lo que hem fet ab aquest pobre xicot! Y he sigut jo també! Que Deu m'ho perdoni!

XEIXA, *tornant á agafar el farsell. Apart.*

He fet tot quant he pogut. Y are me'n rento las mans. (*Alt.*) Avi Tomás, ja no hi ha remey!

TOMÁS, *á Xeixa.*

Are, fill, no'n diguém res al Manelich. Ja está aixó. Y are que Deu hi fassi més que nosaltres.

XEIXA

Adeussiau, Tomás. Sols me'n empenedeixo d'haver callat tant temps.

TOMÁS

Adeu! Al cap d'avall ets un bon home! Abrássam. Y mirat, d'aixó d'havertho callat. . conféssaten.

(*Abrassats. Remor lleuger que creix.*)

XEIXA

Adeussiau, que ja venen. (*Surt rápit.*)

TOMÁS, *apart.*

Quina vergonya, Deu meu, quina vergonya! Jo no'ls vull veure! Jo no'ls vull venre! (*Surt.*)

(*La remor de la gent que toma del casament te d'anar creixent.
Se sent tocar alegrement la campana y crits de viscan els nuvis.*)

MOSSEN, *als de fora.*

    Alsa minyons, s'ha acabat la festa! Tothom á casa!
(*Els convidats, sense entrar á la escena, desapareixen, perdentse'ls crits d'alegría poch á poch.*)

ESCENA XII
MARTA, MANELICH y MOSSEN, que se'n va.

MANELICH, *desde fora.*

    Cabras assí! Cabras allá!

(*La Marta ha entrat ja á la escena.*)

MOSSEN, *desde la porta.*

    Y are tanqueu vosaltres: y bona nit y bona hora.

MANELICH, *veyentlos que s'allunyan.*

    Cabras assí! Cabras allá! (*Mirant cap á la Marta.*) Si are tingués la fona!... un códol al mitj, y borrombóm! l'eseampall! (*Pels de fora.*) Cabras assí (*Cridant cada vegada més fort.*) Cabras allá! (*De cop.*) Marta!
(*La Marta s'ha assegut vora ta taula ab el cap baix.*)

MARTA, *com despertant espantada.*

    Qué hi ha? Qué?

MANELICH

    Han dit que tanquéssim. Tanco eh, Marta?

MARTA

    Tanca. (*Apart.*) Sí, sí; tot s'ha acabat. Tot, tot!

MANELICH, *després de tancar.*

    Tururut! Llestos! Ay, déíxam seure, que m'han cruixit aquestos! Val més una tronada dels Tretze-vents que aquest soroll dels dimonis. Veurás... no estich be assegut á la cadira! A terra, á terra, com assobre'l gleber. (*S'asseu á terra rihent.*) Aixís un hom reposa! (*La Marta segueix sense escoltarlo.*) Qué fa aquella?.,. Xup! Marta! Bonica! (*Com si cridés una cabra.*) Qué fas

Marta? Marta!

MARTA

Qué?

MANELICH

Qu'es fréstega aquesta! Mirat jo! (*Ensenyantli hont seu.*) Allá dalt no'n tením de cadiras, ni ganas! (*Bufa á terra y ho escombra ab la mà.*) Té; més net qu'una patena. Seu aquí; ápala, dona! Xup!

(*Riu ell com fent una gracia.*)

MARTA

Nó! Que nó!

MANELICH

Ha dit que no! Uix! (*Riu y s'aixeca. Apart*) Pobreta!

MARTA, *apart.*

Ay Deu meu! Y que trigará á ferse de día!

MANELICH

Donchs si'm fas aquest posat no't dich una cosa. Ja no me'n recordava!... Ab l'alegría un hom se torna més burro! (*Buscant en las butxacas y en la pitrera. Apart.*) Veurás! Ja veurás jo ara!... Aquí! (*Trayent un mocador lligat pels caps.*) Ja pesan, ja! Calla, calla; aixó á !a impensada. (*S'acosta á la Marta de puntetas. Riu baixet.*) Je, je, je! (*La toca ab un dit á la esquena ó al cap escarnint un aucell. Alt.*) Cucut!

MARTA, *alsantse.*

Ah! M'has espantat! Ves! Aixó feu allá dalt?

MANELICH

Ab quí allá dalt? Si estava tot sol! (*Riu carinyós. Mentrestant ha desfet els nusos del mocador. Desfets ja, se posa'ls diners tots en una má.*) Volsme donar la má? (*Pausa. Ella no'n facas.*) Tu!

(*Per donarli aquells diners.*)

MARTA

Nó. Y lo que jo vull es que are mateix!...

(*Va á alsarse.*)

MANELICH

Esperat! (*Ella s'atura.*) Mal geniot! No me la donguis la má: bueno. (*Estén el mocador buyt devant d'ella á terra.*) Mírat: veus aixó? Es una pesseta. (*La tira al mocador.*) Donchs va ser la primera que he guanyat en ma vida. No la he volguda gastar may, perque fes cría: y mirat, mirat si n'ha fet de cria: Te: totas! (*Buydant al mocador las monedas de plata y calderilla que tenia en una má y contra'l pit sostingudas. Rihent conmogut.*) Allá dalt quan las contava feyan un altre soroll. Are'l fan més alegre. Deu ser perque tu hi ets! Ah! Mirat! (*Buscant entre'ls diners del mocador.*) Mirat aquest duro. Encara te sanch: es sanch meva tota. Me'l va regalar un dia l'amo;'l sinyor Sebastiá: que Deu li pagui (*La Marta escolta are.*) Te, tócal, tócal!

MARTA, *apartantli la má are sense odi.*

Nó! Que nó!

(*Al veure Manelich qu'ella no'l vol tocar, el besa y'l tira al mocador.*)

MANELICH

Bueno... donchs jo'l beso. (*Ressentit. Apart.*) Se deu pensar que no es res aixó! (*Cremat. Alt.*) Donchs sápigas que sí qu'es molt aixó! Que... cada nit venía'l llop al remat, y cada matí hi havía un gos pernas enlayre y faltava una ovella ó un moltó... que alló'm dempnava! (*S'ha anat calmant.*) Y aixó durá... qui sap lo...'l que durá. Fins que una vetlla'm poso al aguayt darrera d'un recater vora l'escorranch seguit pel llop quan venía. (*Ella s'hi va interessant.*) Donchs... afigurat jo aquella nit quinas orellas! Ei Carro anava passant, passant allá al cel. Y ja eran las dotze, y ja era la una. Y escolto, escolto... Els esquellins, l'aygua de la neu fosa que s'escorría, l'ayret de la matinada, y'l Carro allunyantse, allunyantse... Quan de cop sento fressa y trepitj, y, fent un bot com un diable, 'l llop me passa per sobre flayrant fort, que la vaig sentir al coll la seva bufera, y'ls cabells se'm posaren de punta, y aquí dintre uns cops més forts que m'ofegavan!... Totduna, á la jassa quins udols y lladruchs y belar esgarrifós de las ovellas. Y jo quina rábia á mí mateix per no haverlo embestit al lloparro! Y no sé cóm va ser, que'm planto al mitj del camí per ahont havia de passar el lloparro... Y al entornársen la bestiassa ab la ovella al morro, s'entrebanca ab mí, y jo ab ell, y m'hi abrahono, y li clavo tota aquesta fulla endintre. Y ell corrent ó rodolant rostos avall, y jo ab ell; arrapats l'un al altre; mossegantlo jo á n'ell y ell á mi, y udolant els dos, més qu'ell jo cent vegadas, com duas feras salvatjinas. (*La Marta l'escolta ab interés creixent, passant ell de la feresa al entendriment. Pausa.*) Y... á l'endemá'm desperto, ó vaig tornar á viure, que no ho sé encare, al fons d'un torrent, entre pastors que'm socorrían y al mitj de la ovella morta y del llop mort també, que á aquestos sí que no'ls van retornar á la vida. A mí'm dugueren á la jassa, y ab oli de neu y de llargandaix me xoparen las mossegadas y'ls trenchs, que per tot n'hi tenia. Y quan ja estava mitj curat, un dia vetaqui que puja'l sinyor Sebastiá y'm dona un duro, Y jo ab l'ánsia de besarli la má'm vaig tornar á obrir la ferida. (*Per la má seva.*) Y li vaig embrutar de sanch la má d'ell y la moneda. Y'l sinyor Sebastiá'm va dír: «Per cada llop que matis t'hi va un duro.» Y, batúa, per are no n'he mort cap altre!

MARTA

    Manelich... Veurás. (*Conmoguda.*) Ja la nit es avansada, y... Acabém. (*Ab molla pena.*)

MANELICH

    Donchs pren tot aixó: prenho. Son vint y tres duros: guárdals. (*Recullint ell el mocador.*)

MARTA

    Nó... nó.. Son teus: guárdals al... teu cuarto... (*Senyalant el cuarto de la dreta. Apart.*) Deu meu, si sembla un altre aquest home!

MANELICH

    Al... meu cuarto? Al nostre: allá.

(*Senyalant la porta hont hi ha la cortina.*)

MARTA

    Encen un llum, y ja t'ho he dit: vésten. Vésten al teu cuarto...

y bona nit.

MANELICH

Que aquest es el meu cuarto, y que allá hi ha'l teu? Qué ho has dit aixó tú?

MARTA, *ab pena.*

Sí! Y no'n tens prou d'havermho fet dir, que encare vols que hi torni? Com si tu ja no ho sabessis! *(Plorosa y cremada.)* Mal home! Y prou que's veya que ho eras! Y are ho ets més, atormentantme, un mal home!

MANELICH

Qué jo ho sabía? Y qué sabía jo? Qué, Marta? Esplícat. Que jo soch un mal home? Tú ho has dit! Y per qué ho soch are un mal home? Jo vull saberho, Marta, perque m'has dit aquestas cosas! *(Rabiós y apenat.)*

MARTA, *avergonyida.*

Perque á tu... ja t'ho van dir avans.

MANELICH

El qué? El qué'm van dir? Enrahona!

MARTA

Ah, nó! Aixó no ho diré may jo; mal me matessin! Mes tu, tu vas consentirho.

MANELICH

En que fossis la meva dona. Y sí, Marta. En que jo t'estimaría més que á tot lo del mon; més que al pare y á la mare, més; y en que't faría ditxosa!

MARTA

Nó... Nó!...

MANELICH

Donchs esplicat, per Deu! Que'm sembla que ho estich somiant tot aixó, y que tu no ho ets la meva dona!

MARTA, *apart.*

Ay Deu meu, que m'han enganyat á mí y han enganyat á aquest pobre home!...

MANELICH

Marta! Qué hi ha, Marta?

MARTA

Que are soch jo la que'm penso que somío!

MANELICH

Mes tu has dit cosas que jo no las puch entendre y que'm fan mal aquí dintre!

MARTA, *ab por are de que ell ho comprenga.*

Nó, nó, jo no t'he dit res. Sinó qu'estich aquesta nit com si fos boja. Que no sé'l que han fet ab mí. Perque tu... Manelich...

MANELICH

El qué han fet ab tu?... El qué! Digas, digas!
(*De prompte's veu passar un llum per darrera de la cortina que dona al interior de la casa.*)

MARTA, *apart.*

El... Sebastiá! Oh! (*Ab horror.*)

MANELICH, *ab gran estranyesa y en veu baixa.*

Un llum, Marta! Que no estém sols aquí?

MARTA, *ab espant que tracta de dissimular.*

No hi ha ningú! No es veritat.

MANELICH

Algú qu'ha entrat, Marta!
(*Volenthi anar ab la má al pit per l'arma.*)

MARTA, *posántseli devant.*

Ca, déixaho! (*Fingint serenitat.*) El llum ja hi sería.

MANELICH

No't dich que nó! (*Desapareix el llum.*) Ara l'han apagat el llum.

MARTA
Ves si hi hauria un llum encés! A tu que t'ho haurá semblat!
MANELICH
No dius que ja hi era? Si l'he vist jo! Y tu també l'has vist.
MARTA
Jo no he vist res. Tu ho deyas.
MANELICH
Que tu no has vist un llum? (*Quedant confós.*)
MARTA
Nó, nó.
MANELICH
Que tu no l'has vist? Y donchs... jo no he vist una claror que anava... (*Baixet, confós y tristíssim.*)
MARTA
Si tampoch tu l'has vista!
MANELICH
No? (*Queda mirantse á la Marta fixament.*)
MARTA, *indignada. Apart.*
Gosar á venir avuy! El malas entranyas. Aixó es temptar á Deu.
MANELICH, *pensatiu. Apart.*
Que no l'he vist el llum? Que jo no l'he vist?
MARTA, *asseyentse en una cadira de costat per recolzarse en el respaller. Apart.*
Te. Jo aquí passaré la nit: aquí! Com una pedra. (*Alt.*) A tu ja t'ho he dit... (*Senyalatli'l seu cuarto.*)
MANELICH
Sí, sí: no m'ho tornis á dir... Jo allá dintre. Sinó que no hi aniré encare á dormir al meu... allá dintre. (*Se deixa anar á terra, ajeyentse poch a poch.*)

51

MARTA, *apart.*

Tinch de pensar jo. Perque'l Sebastiá es... (*Baixet y ab pena*) es un brétol. Y, ay Deu meu, que sempre ho ha sigut un brétol, el lladre! Se deu pensar aquest... (*Ab pena*) pobre que no'l sento! (*En Manelich, sempre ajegut á terra, s'ha anat acostant fins á alguna distancia d'ella.*)

MANELICH, *tristíssim, mitj plorós.* Apart.

Aquí, apropet d'ella. No com el seu marit, nó; com si estés sol allá dalt á la jassa de las Punxalas. (*Baixet.*) Are á dir el Parenostre pels de casa. Aquell per la muller ja ŋo'l puch resar, que ja'n tinch, ja, de muller. (*Resant.*) Parenostre que estau en el cel santificat sia'l vostre sant...

(*Segueix sols movent els llabis y sanglotant.*)

MARTA, *apart.*

Ah, quin cástich el meu!

(*Segueix sanglotant ell. Pausa.*)

MANELICH, *mitj adormit y plorant.*

Tot dorm á la jassa; y'l llop no vindrá, no vindrá... no vin...

(*Va movent els llabis mentres cau'l teló.*)

ACTE SEGON
LA MATEIXA DECORACIÓ DEL ACTE ANTERIOR. ES AL MATÍ.

ESCENA PRIMERA
MANELICH, assegut. NURI, dreta, fent samarra, que ja estará molt avansada.

MANELICH, *molt abatut*

Cóm es que no vas venir ahir tarde, Nuri?

NURI

Pels indiots, home. Ja't vaig dir que'ls indiots els treya de bon matí y cap al tart. Veurás: are com que fa aquest sol ja son al corral. Y jo, cap á veure'l Manelich! Sinó que passo unes angunias! (*Anant á mirar cap á la esquerra.*)

MANELICH
 Y per qué las passas las angunias?
NURI
 Tinch por que vinga la Marta. Veurás: avans m' estimava molt á n'á mí; y del dia que t'hi vas casar que'm te una malicia!... (*Ell fa anar el cap y queda pensatiu.*) Jo no n'hi tinch pas de malicia á n'ella perque t'estima á tu, Manelich.
MANELICH, *alsantse y passejantse neguitós. Ap.*)
 Per qé m'estima á mí aquesta dona!
NURI
 Qué t'agafa, are!
MANELICH
 Res: digas, digas. (*Tornant á seure.*)
NURI, *enrecordántsen de cop.*
 Ah! També te rábia als de casa. Sinó que á ells... Ni sé cóm t'ho diga; 'ls hi te una altra mena de rábia. Ves, fins jo'm penso que s'ha valgut del Mossèn per no véurels.
MANELICH,*ab molt interés.*
 Del Mossen? Cóm ha estat aixó?
NURI
 Donchs el Mossen, qu'es... aixó... cóm ho fan anar?... aixó... 'l majordom del amo de tot, va venir á dir als de casa, amenassantlos, amenassantlos, que no s'acostessin al molí á xerrar. Y que al molí no més hi tenían d'anar els que hi duguessin blat per moldre.
MANELICH
 A xerrar, va dir, Nuri?
NURI
 A xerrar, á xerrar. (*Asseyentse la Nuri també.*)
MANELICH
 Y tu ho sabs qu'era'l que no volía que xerressin?

NURI, *molt natural.*

Oh, res. Els de casa sempre xerran, sabs?

MANELICH

Qu'ets bona minyoneta, Nuri!

NURI, *contenta de que li hagi dit.*

Com tu de bon minyó. Ves, el conill ho diu á la llebra. (*Mirántsel y rihent. Pausa.*) I ja fa deu dias qu'ets casat. (*Tornant á riure y mirántsel.*)

MANELICH

Sí, deu días.

NURI

A que no ho endevinas, en qué pensava are?

MANELICH

Y qué diuen d'aquí las tevas germanas?

NURI

Donchs pensava en ferte una samarra en acabant aquesta. No de color d'esca, nó; de blauet, y ab uns vihons vermells que t'escauràn més!...

MANELICH

No me la facis la samarra, NURI!

NURI

Y per qué?

MANELICH

Perque quan tu l'haurías acabada... Pst! Per res, Nuri.

NURI, *alsantse.*

Me'n vaig, qu'estic enfadada.

MANELICH

Au: que jo vull que tornis á seure! Desseguida!

NURI, *asseyentse mitj girada d'esquena.*

Bueno:'m quedo. Sinó que encara estich enfadada.

(*Se'l anirá mirant de reull.*)

MANELICH, *apart.*

Nó: ja no m'hi puch estar més en aquesta casa, que tot me cau a sobre! Y avora de la Marta ó'm tórnaria boig ó'm moriría! Mes aquella claror no va venir tota sola, y jo vull saberho qui era aquell home, per matarlo!

(*La Nuri tus á veure si'l Manelich se fixa en ella.*)

NURI

Manelich, que jo encare estich enfadada!

MANELICH, *cambiant rápit.*

Sí, Nuri, sí. Qué vols? Pobreta! Tu sí que encare ets ditxosa!

NURI, *complascuda de lo que ell li diu.*

Tu estás trist!...

MANELICH

No!...

NURI

Sí que ho estás, sí. Y... saps que t'han donat una muller molt rabiosa?

MANELICH

Qué ho diu la gent, qu'es rabiosa, Nuri?

NURI

Oh!... No ho sé'l que diuen. Parlan, parlan. Y sabs perqué t'estimo tant jo?

MANELICH

Digaho, Nuri, dígaho.

NURI

Donchs t'estimo tant, de primer, perque'm contas aquellas rondallas de llops y guineus que fan aquella por tan bonica. Y després t'estimo perque la gent diu sempre: «Pobre Manelich! Pobre Manelich!» Y no ho sé pas perque t'ho diuhen! (*De cop en un rapte de carinyo*) Y, vaja, que jo te la vull fer la samarra.

(*Se posa á cantar entre dents mentres travalla*)

55

MANELICH, *apart.*

    Pobre Manelic! Donchs tothom la coneix, la meva desventura! Donchs quan al casament reyan!... (*Alt.*) Oh, no cantis, per Deu! No cantis, Nuri!

NURI

    Si no canto, home! Es que així ho acabaré més depressa aixó, y aniré per la teva!

MANELICH

    Escolta, escolta, Nuri. Y qué diuhen més, qué diuhen?

NURI

    Quí?

MANELICH

    La gent. Aquells que fan: Pobre Manelich! Pobre Manelich!

NURI

    Ah! Espérat. (*Com qui se'n recorda de cop.*) Ahir, sortint de missa, hi havía una colla que parlavan de tu. Jo que m'hi acosto, y tots se van callar, els remalehits! Veurás, veurás: jo que me'n vaig anar tot cantant y fent la distreta, y quan no'm veyan, m'hi torno á acostar de puntetas, y jo que 'ls atrapo.

MANELICH

    Y'ls vas sentir?

NURI

    És clar, home! Veurás, deyan: «Pobre Manelich! Pobre Manelich!...» Y res més. Com l'altra vegada.

MANELICH, *apart.*

    Quan lo sinyor Sebastiá ho sápiga la mata á n'ella!... Perque jo no me'n puch anar aixís sense dirli tot. (*Ab neguit:*) Si Deu feya que tornés avuy de ciutat!... (*Passejantse.*)

NURI, *cridantlo.*

    Manelich! (*Ell hi va.*) Je, je, je! El mon diuhen qu'es molt dolent. Que ho creus, tu, que ho siga de dolent el mon?

MANELICH
    El mon de la terra baixa, prou: que no ho era, no, 'l de la Montanya. Sinó que potser no ho era perqué allá dalt no hi havía homes!
NURI
    Y... (*No gosant seguir.*)
MANELICH
    Què?
NURI
    Res. Je, je, je! Sí, vaja. sí, una cosa: que no tens un germá, tu?
MANELICH
    Soch jo sol, y encara soch massa.
NURI
    Cap? Cap? Ni un de petitet i bufó com tu? Que tingués la meva alsada...
MANELICH
    Per qué, Nuri?
NURI
    Per res. Je, je, je! Perque m'agradaria que'l tinguessis.
MANELICH, *passantli la má pels cabells.*
    Pobreta Nuri!

ESCENA II
MANELICH, NURI y MARTA. Ve del interior de la casa.
NURI
    Bo, la Marta! Fujo!
MANELICH
    No't moguis!
MARTA, *apart.*
    Sempre aquesta mossota ab ell! Sempre! Si estés anguniat per mí no li agradaria parlar ab ningú! (*Va á la llar y mou'l foch,*

sobre'l que hi haurá una olla. Va arreglant el dinar.) Aquest foch... que sembla que avuy ho fassi espressament de no encendres! De qué deuhen parlar, are?... Donchs jo no ho vull que parli més ab la Nuri! (*Fa un pas per anarhi; s'atura.*) Oh! Déu meu! No li puch manar res jo á aquest home! (*Se'n va per la porta de la esquerra.*)

NURI

Ja es fora. Y nosaltres calladets com si no hi fossim, oy?

MANELICH

Sí, Nuri.

NURI

Jo estava callada perque contava punts. Y tu qué feyas are?

MANELICH

Jo contava.. dias.

NURI

Dias? Je, je, je! Que te la estimas forsa tu á la Marta?

MANELICH

Més que á tot lo del mon!... Més; molt més!... Cóm t'ho diré á tu qu'ets una nena encare?... Perque jo á la Marta me la estimava avans, molt avans de conéixerla. Y me la estimava tant, que'l dia que la vaig veure allá dalt, quan me van dir si mhi volía casar, vaig respondre: «Es clar que sí que la vull!». Y li anava á dir á n'ella... «Vaja, que n'has fet massa de trigar tant temps á venir, Marta!». Si jo t'ho contés tot!...

NURI

Au, cóntamho. Cóntamho!

MANELICH

Que jo, Nuri, més vegadas me la havia mirada la terra baixa del cim d'aquellas crestas agudas!... Y 'm preguntava, quan lo sol batia per tot aquell be de Deu de montanyas, que semblavan muntets de sorra, per ahont deu ser la xicota que haig de tenir per dona? Y sabs qué feya pera saberho?

NURI

Veyám, digas.

MANELICH, *rihent trist.*

Donchs posava una pedra á la fona, donava jo tres tombs tancat d'ulls, feya que espetegués en l'ayre la fona, y al llensar la pedra mirava, segur de que cap allá ahont cauría aquella pedra hi seria ella, que creixería alashoras hermoseta com una mota de flors pera mí, pera mi sol! Y la pedra queya cada vegada cap á llevant, y la Marta ve d'una terra baixa, encare més baixa que aquesta: de la vora de la mar! Quin malaventura!

NURI

Vaja, home, no ploris! Que jo no vull que ploris! (*Renyantlo com si ell fos una criatura.*) Ves qui te las feya tirar aquelles pedras! Dolent! Y si hagués passat algú per la montanya y l'haguessis tocat?... (*Ella riu.*) A riure desseguida! Desseguida! Je, je, je! (*Se posa á plorar al veure que ell no riu.*) Te, ja deus estar content! M'has fet plorar! Malviatge l'home! Y que jo no ho sé de qué ploro!

MANELICH, *per ell mateix, plorant.*

No van atrapar á ningú, nó, aquellas pedras; que m'han atrapat á mi, que las he sentidas al mitj del pit, y totas!

MARTA, *tornant. Apart.*

Encare aquí tots dos! (*Cridantla.*) Nuri!

NURI

La Marta! La Marta! Té'l mocador, té. Que no vegi que ploras!

MANELICH, *á la Nuri, sense péndrelhl*

Nó, si jo no ploro; no ploro.
(*Fent per estar seré y apartantse.*)

NURI, *á la Marta*

Je, je, je! Me pensava qu'era seu aquest mocador! Com que soch tan criatura!

MARTA, *ab emoció que no pot reprimir.*

Nuri!... que no't vull veure més aquí á casa, ho sents? Que no vull que tornis!

NURI

Manelich, corre; que'm treu la Marta!
(En Manelich segueix apartat.)

MARTA, *tractant de dissimular la gelosía.*

No es que't tregui jo; sinó que avuy estich!... que si enrahonan sembla que tot m'ho sento dintre. *(Per son cap.)* Qu'estic més malalta!...
(Anant cap al foch y ventant depressa.)

NURI

Té aixó, té, Manelich, *(Donantli'l cistell ab lo capdell y la samarra qu'está fent)* que li ventaré'l foch á la pobre Marta, *(Aixó sense ironía. Ell s'ha assegut y no li fa cas á la Nuri que li pega un copet á la esquena.)* Donchs qué no m'has sentit, dolentot? A n'aquest xicot n'hi passa alguna, Marta *(Ha deixat el cistell y tot sobre la taula.)* Dónam el ventafochs.

MARTA

Nó!

NURI, *enjogassada.*

Dónamel; que tu ja no tens gayre forsa, que vas per vella.

MARTA, *fora de sí.*

Vésten! Vésten! O no'm podré tenir! Vésten!

NURI, *no comprenentho.*

Y are! Y qué he fet jo?

MARTA

Y si tornas á venir... descarada!...
(Amenassantla ab el puny)

NURI

Donchs no me'n aniré que no m'ho mani'l Manelich, qu'ell es l'home; y mirat, ell mana!

MARTA

    Sí, sí: lo qu'ell mani!

MANELICH

    Nuri: aquí fes sempre lo que't diga la Marta. Vésten: ella t'ha tret, perque ella... sab treure la gent, que aquí es á casa la Marta.

MARTA, *volentlo fer callar.*

    Nó, Manelich, nó! Per Deu!

MANELICH

    Té aixó, té; y ves. (*Per el cistell y la samarra.*)

MARTA

    Nuri: qu'are jo no vull que te'n vagis!

NURI, *plorant'.*

    Donchs are me'n vaig!

MANELICH

    Sí, Ves, Nuri. Y, mira, jo t'acompanyaré pel camí.

MARTA, *suplicant y volentlo contenir.*

    Tu nó, tu t'estás aquí ab mí; que tu, Manelich!..,
(*No pot seguir perque'll Manelich s'ha quedat mirantla fixament.*)

MANELICH, *després d'una pausa.*

    Qué jo?

MARTA

    No ho sé. Deu meu! No ho sé!

(*Cau asseguda plorant.*)

MANELICH, *sarcástich.*

    Que't pensas que plora la Marta, Nuri? Riu. Si es més de broma! Y jo també ho soch! Y rihém tots dos! Sí, Marta, sí, jo ab tu rihent com el primer dia y ben ditxosos y plegats sempre! (*Emportantse á Nuri agafada per la cintura. Ella no comprén res.*) No hi tornis, no, Nuri. Sols, solets; estimant-nos ella y jo! Sempre, sempre estimantnos!

(*Va rihent sarcásticament al allunyarse.*)

ESCENA III

MARTA, *plorant.*

Sí; diu que sempre plegats, sempre, y jo sé qu'espera al Sebastià pera dirli tot y anársen! Y qu'he patit aquets días aquí dintre! Y'l Sebastiá, 'l mal home, perque are sí qu'ho veig qu'ho ha sigut tota la vida un mal home, per allá baix divertintse pels hostals, y... tantdebó s'hi quedés per sempre! Perque si'l Sebastiá no tornava may més, qui sab si'l Manelich encare'm perdonaria, qu'ell sí qu'es bo, que se li veu á la cara, y m'estima; qu'ell no s'ho pensa, nó, que jo'l senti cada nit com ve á ajéures devant la porta del meu cuarto... y sanglota... sanglota!... (*Plorant.*) Sinó qu'll no'm diu res y'm deixa fer lo que vull!... (*Després de plorar. Resolta.*) Mes jo no vull que'l Manelich parli més ab la Nuri, perque jo'm consumo; que aixís, ay Deu meu, parlava ab mí'l Sebastiá quan me va coneixer! Jo no ho vull que s'estigui ab ella! Me'n hi vaig á casa d'aqueixas donotas!
(*Al anar á sortir trova al Tomás que ve, y torna á la escena ab ell.*)

ESCENA IV
MARTA y TOMÁS

TOMÁS

Ahont vas, Marta?

MARTA

Ni jo ho sé. Y teníu: ja no vaig enlloch.

TOMÁS

De la hermita he vist sortir al Manelich, y per aixó vinch, vetho aquí; que ab ell no vull trobarme. Qu'está més desesperat!...

MARTA

Desesperat?...
(*Vol enrahonar y no gosa.*)

TOMÁS

Y que no te rahó'l xicot? Tothom se n'hi riu. Y ell preguntant, de la manera que aqueixas cosas se poden preguntar.

MARTA

    Seyéu, seyéu, Tomás.

TOMÁS

    No sech jo en aquesta casa. Sinó que vinch perque'm digas qué li haig de contestar jo á n'ell quan me diu: «Tomás: vos que'm váreu buscar la promesa, per qué'm váreu triar la Marta?

MARTA

    No m'ho diguéu aixó, Tomás!

TOMÁS

    Sí que t'ho dich, sí. Y encare fa més el xicot, que'm pregunta: «Tomás: qui es l'amistansat de la Marta? Quí es l'home que va entrar per aquella porta la nit del casament?» (*Ella s'amaga la cara entre las mans.*) Y ell vol saber quí es per matar-lo, y jo no sé qué li responga.

MARTA, *ab satisfacció.*

    Vos ho ha dit, Tomás, que'l mataría? Eh que tindría cor per ferho?

TOMÁS

    Sí, sí que m'ho ha dit. Com m'ha dit que se'n anirá d'aquí per sempre: sinó que... espera al Sebastiá per despedirsen!

MARTA

    Y vos li heu dit que no se'n vagi, oy, Tomás?

TOMÁS

    Jo? Que't deixi; no demá, nó, are mateix. Y que avans d'anársen que t'escupi á la cara: que tu ets!... ets!... (*No gosant á seguir perque ella li priva.*)

MARTA

    Qué no heu tingut may una filla vos?

TOMÁS, *dominat pel recort.*

    Una filla!... Sí que la tenía una filla, y se'm va morir qu'era petita. Y quan te miro'm dich content: que Nostre Senyor me la tinga á la Gloria.

MARTA

Y si vos us haguessiu mort avans qu'ella? Y ella s'hagués fet gran sense vos?... Sola... y hagués conegut al Sebastiá?...

TOMÁS, *tapantse las orellas.*

Remalehida! No m'ho diguis: que tu l'has perdut, tú, al Sebastiá.

MARTA

Qué jo l'he perdut al Sebastiá? (*Arrencant en plor.*) No teniu entranyas si m'ho torneu á dir aixó. Mare meva!... Ay, que no puch més! Que no puch més! Prenéume d'una vegada, mare meva!

TOMÁS, *apart.*

Y plora de debó! Potser sí que n'he fet un xich massa! (*S'asseu.*)

MARTA

No'n teniu, nó, de bon cor! Y tots aneu contra de mí perque'm veyéu tant sola! Que fins are no ho he conegut qu'era al mon tota sola!

TOMÁS, *apart.*

Si'm fa plorar á mí la xicota! (*Alsantse de cop*) Ay! Qué feya! Si ploro per una...

MARTA, *aturantlo resolta.*

No us en anéu, que jo vull contàrvosho tot, y que'm compadiu!

TOMÁS, *plorant dissimulat.*

Nó, si no vull saber res, que després lo que m'haurás dit m'ho creuré, y serà tot mentida.

MARTA, *plorant y ab energía.*

Mentida!... Donchs m'escoltaréu, y'm creuréu; que no ho será, nó, mentida!

TOMÁS

Sí, be, sí, (*Asseyentse. Apart.*) Te, si ja me la crech! Si ja ho deya jo que m'enganyaría!

MARTA, *aixugantse'l plor d'una revolada.*

No he nascut, nó, de la terra y després de la pluja, com una bestiola fastigosa, encare que la gent de per aquí ho diga.

TOMÁS

Veus?... Aixó de la granoteta sí que no ho he cregut may. Deu me remati.

MARTA, *ab indignació, aixugantse repetidament els ulls.*

Tampoch ho creuréu aixó de que jo era molt pobreta? Veuréu: jo tenía una mare qu'era cega. Ho sentíu? Y no he tingut ningú mes. (*Ab exaltació que anirá desapareixent pera quedar no més la tristesa.*) Peró una mare sí que la tenía! Y ella y jo captavam per ciutat allá abaix á Barcelona. Jo me'n recordo que'ns posavam á las escalas d'una iglesia que tenía una porta que no s'acabava may d'alta, y allí'ns estavam. Quí havía sigut el meu pare de bo de bo? Jo no ho he sapigut may. D'ensá de quan captavam? Oh! Potser d'avans de neixer jo que captavam. Jo á la mare l'havía vist sempre ab la má estesa al portal de la iglesia, y fins dormint ella á la nit, que no sé ahont era que'ns ajéyam, jo la veya ab por que sempre la tenía la má estesa. Un dia, jo encare debía ser molt petita, ja no eram ella y jo soletas que captavam: al costat nostre s'hi va asseure á captar un home, que... jo'm vaig creure que tampoch hi veya, perque'm pensava alashoras qu'era cego tothom que captava. Y no sé com va ser que aquell home mitj tulit, tot roig de cara y de barba blanca, va acabar vivint ab la mare; y ells dos se pegavan, y reyan. Mes á mí aquell home ni may m'havia pegat ni fet una festa; ni me'n recordo que may m'hagués dit ni una sola paraula. Passaren anys, no gayres serían, y un matí la mare no's va llevar, y als peus del seu llit me vaig trobar ab aquell home que plorava. La mare no havía plorat may, que jo me'n adonés, y m'havía arribat á creure també que'ls cegos, que no tenían ulls pera véurehi, tampoch els tenían pera vessar llágrimas. Y per aixó vaig coneixer que aquell home no era cego de bo de bo, perque plorava. La mare s'havía mort, y jo'm vaig trobar sola. Y quina cosa més estranya! Aquell home tant callat y tant fret ab mí, 's va trobar que m'estimava com un pare, y no's sabia aconsolar de la mort de la pobreta mare meva, que va quedar estirada, ab els ulls més entelats que may, y ab la má dreta estesa, que semblava que encare anés á captar alguna cosa. á l'altra vida!

TOMÁS, *plorant.*

Digas, digas.

MARTA

Y al endemá se la endugueren al cementiri á la mare, y jo hi vaig anar al darrera ab aquell home; y quan ja li havían tirada tota la terra assobre, jo me'n vaig adonar que li havía dit á aquell home: «Y are qué farem, pare?» Y qu'ell m'havía dit plorant: «Vínaten ab mí, filla!»

TOMÁS, *plorant.*

Conta, conta; y acaba aviat!

MARTA

Oh, sí, sí; que no n'hi ha gayre; que pel camí de tothom s'hi pot anar poch á poch; mes quan se cau timba avall se va depressa. Donchs varem tornar á la porta de la iglesia, y com jo anava espigantme y veya passar tantas noyetas de ma edat ab la robeta bonica de las festas, jo que li vaig dir al pare un dia que no havíam arreplegat gayres dineros: «Pare: y si travallessim!» Y ell al cap d'una estona'm va dir que ja'l buscaria'l travall per tots dos. Y may aquell travall arribava. Fins que vam saber que als pobres els recullían pera tancarlos, y'ns en anarem de Barcelona tot captant, sinó qu'ell ja may més va fer el cego. Caminarem molt temps seguint terras y més terras, que jo vaig anar creixent, fins que un dia que feya una calor molt forta y que'ns ficarem per aquestas planuras y per aquests boscos, s'aixecá de cop una forta nuvolada y comensá á caure pedra. Nosaltres fugíam seguint á la gent que deixava las feynas dels conreus y'ns guarirem á la masía més aprop, qu'era la del Sebastiá, quedantnos á la entrada. Sortiren homes y donas, y, entre ells, un que'ns van dir qu'era l'amo. Y tothom reya ab els meus ditxos. Y van voler que ballés, y vaig ballar de cualsevol manera perque no'ns traguessin, qu'encare plovía. Y quan més ballava jo, més reya la gent, menos l'amo, que'm mirava, 'm mirava! Y jo'm deya, pobre de mí: «Que deu ser felís ab tot

aquest mon seu y aquesta gent seva, l'amo!» (*Resoltament.*) Eh! Acabèm! Que'm va preguntar després, rihent, si jo havía sortit de la pols dels camins com aquellas granotetas que's fan ab las gotas de la pluja al mitj del estíu, y després me va agafar pel cos y va preguntar al pare qué volía. El pare li va respondre que una caritat. Y jo vaig afegir depressa: «No una caritat, nó, travallar forsa!» Ell me va asseure assobre'ls seus genolls, que jo tenía catorze anys, y'l Sebastiá ja potser trenta... Y... d'aquell dia va venir que al pare'l va fer moliner. Y á mí... fins are...
(*Tapantse la cara ab las mans.*)

TOMÁS

Nó, calla; no digas res més; calla!

MARTA

Qué podia fer jo? Fugir? Cap ahont? Si no podía! Matarme? Si'l matarse es pecat; y fa tanta por el morirse, y jo era tan nena! Y's neix per viure y no per morirse desseguida!

TOMÁS

Y que n'has sigut de desgraciada!

MARTA

Desgraciada no, que he sigut la dona més dolenta del mon, perque á n'ell l'he cregut de tot, pobre de mí, fins per enganyar á aquest home!

TOMÁS

Oh, 'l Sebastiá no té perdó de Deu, que l'ha feta massa grossa!

MARTA

Oh, si hagués sigut com are! Perque are sí que soch forta! Y sabeu perque ho soch de forta? Perque avans, me girés d'allá ahont volgués, no trobava ningú per sostenirme sinó'l Sebastiá, per la meva desgracia. Y are ja tinch al Manelich que'm dona coratje; perque encare que no'm vulga, jo m'hi sostinch en ell: que si al anar á la iglesia ho feya per forsa, al sortirne, ab tot y la pena que'm rosegava per dintre, jo'm deya, jo mateixa sense volermho dir, que aquell home era'l meu marit, una cosa meva, meva, que, pobreta de mí, encare no havía tingut res que fos meu á la terra!

TOMÁS

Mes el Sebastiá un dia ó altre se't presentará al molí, y tornarás á ser la dona sense coratje...

MARTA

Ay nó; per Deu que no vinga!

TOMÁS

Y si li diguessis tot al Manelich?

MARTA

Oh!... Cóm se diuhen aquestas cosas? (*Avergonyida.*) Y jo, Tomás, no'm vull aconhortar de pérdrel.

TOMÁS

Si á la fi ho sabrá pels altres: qu'ell pregunta.

MARTA

Jo'm penso que torna! Tomás: deixéume y... pregueu per mí, com si jo fos la vostra filla! Nó! Perdoneu!

TOMÁS

Sí, sí, dígaho: com si fossis la meva filla; que t'han fet dolenta, que tu, pobreta, no ho eras, ni ho ets, vaja, de dolenta! Vina!

MARTA

Tomás!

TOMÁS, *besantla al front.*

Té, y té; perque Nostre Senyor te fassi bona minyona! (*Se senten veus á fora.*)

MARTA

Son las vehinas! No las vull veure! (*Se'n va.*)

ESCENA V
TOMÁS, PEPA, ANTONIA y després JOSEPH, NANDO y PERRUCA.

PEPA, *de la porta.*
 Míratel al Tomás que plora!
ANTONIA, *id.*
 Ay qu'enternit l'hermità!
TOMÁS
 Es el fum que fa aquella, qui ni sap encendre'l foch, la... la pobreta!
PEPA, *entrant, y la Antonia al darrera.*
 Entra, Antonia, entra. No las treurán are á las Perdigonas. Com que'l Mossen, per ordre del amo, ha passat per totas las casas dihent que no s'acostés ningú al molí que no portés blat per moldre...
TOMÁS
 Donchs anéusen avans de que us treguin.
PEPA
 Ày Senyor! Qué no'l sents, Antonia?
ANTONIA
 Tréurens á nosaltres!
JOSEPH, *desde fora.*
 Ja som aquí.
PEPA, *rihent.*
 Entreu! Entreu!
JOSEP, *entrant ab un sach de blat á coll.*
 Portém blat per moldre!
NANDO, *id, id.*
 Que Deu vos guart. (*Girantse á fora.*) Au, tu, depressa!

(*Entra en Perruca també ab blat.*)

ANTONIA

   Es que may'ns havían tret á nosaltres d'enlloch!

TOMÁS

   Totas solas s'arman aquestas!

JOSEPH, *á las donas.*

   Y no'ns ha costat poch de trobar aquest blat! Enlloch ne tenían.

PERRUCA

   A casa'l guardavan per llevor.

JOSEPH

   Donchs que no surt el Manelich ó la Marta per aixó? (*Pel blat.*)

TOMÁS, *apart.*

   Jo'ls deixo á aquets tafaners.
   (*Volguent sortir.*)

PEPA, *aturantlo.*

   Esperéuse, Tomás. Voldríam entendre cóm ha quedat aixó del casament dels d'aquí, perque no'n podém treure l'aygua clara.

TOMÁS

   Donchs ha quedat... molt be. Adeussiau!

PEPA

   No, home! Veuréu: al Manelich ja l'hem empaytat, sinó que, mirat, res: s'ha tornat tant aixut que sembla un altre.

ANTONIA

   Conteu, vaja, Tomás!

JOSEPH, *y'ls altres.*

   Vaja, Tomás!

TOMÁS

Donchs jo us ho diré tot, Vaja: Mes vigileu que no escoltin. (*Baixet y burleta.* Tots corren á mirar per tot y tornan.)

PEPA

Tu, mira allá. Allá, Antonia! Cap viu tothom!

JOSEPH

No'ns senten!

ANTONIA

Digueu are.

TOMÁS

Donchs una vegada á Sant Miquel vetaquí que li va venir la fatlera, per fer quedar malament al dimoni, que deya que totas las donas eran sevas, d'anar pel mon en cerca d'una... d'una... que no fos gayre xerrayre; perque de que no ho fos gens ja se'n aconhortava.

PEPA, *ressentida.*

Vaja, prou: ja us entench á vos.

ANTONIA

Fora!

JOSEPH

Deixéulo, que digui.

TOMÁS

Si no m'escolteu no sabréu res: esperéuse. (*Després de lleuger dupté's tranquilisan.*) Vetaquí que 'l pobret Sant Miquel se va cansar de seguir mon, que, fillets de Deu, totas enrahonavan!... Y cansat com estava, vetaquí que Sant Miquel se va asseure á la voreta d'un'era: y vetaquí que á l'altra banda de l'era hi havía un rotllo de donas prenent el sol. Y al véurel aquellas donas, vetaquí que's van anar enfilant, enfilant: la una que si ell era un borratxó perque tenía la cara molt vermella y lluhenta; l'altra que si era un lladre y tot lo que duya assobre de bonich era robat; y un'altra ja va dir qu'ella l'havía vist sortir ta nit passada de l'iglesia; y un'altra ja hi va afegir qu'ella l'havía vist qu'espanyava la caixeta de las ánimas; y un'altra que'l vestit que duya era 'l mateix vestit de Sant Miquel del altar, que s'havía quedat tant despullat com el mateix dimoni que té als peus. Podeu contar el nostre Sant Miquel quins plors y quin tremolarli las alas de pena! Donchs ho veyeu? No van ser tot penas, nó, que allí hi havía una velleta que ni va obrir la boca pera murmurarlo, qu'ella no més se'l mirava al Sant Miquel, y dolsament somreya. *(Demostració de satisfacció de las donas, que van á interrompre á en Tomás. Mes aquest segueix)* Y vetaquí que aquella nit mateixa, quan aquella pobreta vella ja s'estava ben adormida al seu llit, Sant Miquel que s'hi presenta, y, embolicantla ab el llensol y ab el cobrellit, ell que se l'emporta a la velleta, que no li va dir ni un mot de tant espantada. Y se l'emporta de primer camps a través, y després covas endintre fins á una qu'era més gran, y qu'estava tota plena de fornals y d'enclusas y de dimonis que hi travallavan. Y ell que, tot alegroy y tot satisfet, que presenta la velleta, no més perque la conegués, al dimoni més gran de tots els dimonis: que alló era l'infern! Y sabeu qué picavan sense parar may aquells dimonis en aquellas enclusas tant regrossas y tant rohentas? Donchs hi picavan las llenguas d'aquellas donas, que las treyan com una cana enfora. Y'ls hi picavan y'ls hi están picant encare per xerrayres y murmuradoras. *(La Pepa y la Antonia s'esvalotan: els homes hi ajudan rihehtse d'ellas.)* Sí, sí: per xerrayres y murmuradoras! Y aquí ho teníu l'esser tafaneras y trapasserotas y llengudas!

(En Tomás va caminant cap á la porta.)

PERRUCA, *á las donas rihent.*

 Tornéuhi are, tornéuhi!

JOSEPH, *burlantse d'ellas ab els altres homes.*

 Aixó ha anat per vosaltres.

ANTONIA

 Tomás: nosaltres som com aquella que no va dir res.

TOMÁS

 Es que aquella velleta no havía sentit res, ni podía dir res perque de neixensa qu'era sorda y muda!

(Surt. Ells se'n riuhen. Ellas s'enrabian.)

ESCENA VI
PEPA, ANTONIA, JOSEPH, NANDO, PERRUCA y després MANELICH.

ANTONIA

Y are! Ves quina gracia!

PEPA, *satisfeta.*

Ah! Ja volia dir jo: ves si hauría callat aquella!

JOSEPH

Ell se n'ha rigut pla bé de nosaltres!

PEPA

Vosaltres m'haguessiu ajudat! Jo li hauria tret tot, creyéume: que hi ha molt qué saber, perque la Marta ha fugit ab els ulls com d'un perdigot...

NANDO

Are no més falta que després que hem comprat tot aquest blat no'ns aprofiti.

ANTONIA

Calleu. El Manelich! *(Segueixen enrahonant.)* Que'l Manelich es aquí! *(Calla tothom.)*

PEPA

Veyám qué dirá quan ens veji.

(S'apartan tots á un costat.)

MANELICH, *entra sense veure á ningú. Apart.*

Jo no espero ni un dia més aquí! Diuhen que avuy torna l'amo. Donchs quedo be ab ell, y en acabat amunt, á las mevas montanyas, y á morirmhi ben sol de rábia y de pena!

ANTONIA, *escarnintlo á mitja veu.*

Xup!... La cabrota!...

MANELICH, *ab fàstich. Apart.*

Aquesta gent aquí!

JOSEPH, *rialler.*

Manelich: bon dia y bona hora.

MANELICH

Qué voleu?

PEPA

No venim á tafanejar, nó, que diu la... teva dona; que venim á moldre. Míratho.

PERRUCA

Qué hi ha bassada?

MANELICH

No ho sé! *(Repensantshi.)* Sí: per aygua ray! Ja hi podeu acostar el blat á la mola.
(En Perruca du'l blat alcubert y torna.)

PEPA

Manelich: trobo que avuy fas mala carota.

MANELICH, *rihent cremat.*

Mala carota avuy, eh? A tu no t'ho dirán may, perque tu la fas sempre.
(Riuhen els altres.)

JOSEPH.

Potser anyoras el guardar la ramada?

PEPA

Ja te la Marta: sinó que la Marta...'s guarda ella sola.

MANELICH

Y per qué la tens de retreure are á la Marta, tu?

PEPA

Ay ay! Per res; per ferte content Com qu'es la teva dona!
(Riuhen tots mitj dissimulat.)

MANELICH, *al véurels riure, riu ell fort y nirviós.*

Ah, sí, rihém! Per qué calleu are? A riure tots! Desseguida!

(Torna ell á riure, sens poder contenir la rabia. La Pepa vol riure descaradament, y'l Joseph la fa callar.)

JOSEPH

    Calla, dona!

MANELICH

    Y per qué te de callar? Per qué? *(Riuhen amagantse.)* Y per qué us amaguéu per riure?

PEPA

    No réyam pas nosaltres!

ANTONIA, *rihent.*

    Si no réyam!

MANELICH

    Sí que rihéu, sí; que fins us torneu rojas, y no pas de vergonya, descaradas, que no n'heu tingut may de vergonya!

JOSEPH, *acostantse á ell.*

    A mas germanas aixó!

MANELICH

    Sí, à tas germanas; jo'ls hi dich; jo, jo; y qué vols are? *(Mirantlo fixo y acostanshi.)*

PEPA, *ficanise devant dels homes.*

    Nos ho diu á nosaltres perque ja ha fet tart per dirho á la Marta. *(La Pepa fuig. Ell li corre al darrera sens agafarla perque'l Nando's posa devant.)*

MANELICH, *á la Pepa.*

    Mal llamp de Deu!... Per qué he fet tart per dirli anella? Per qué?

NANDO, *volentlo calmar.*

    Manelich!

MANELICH

    Qu'enrahoni algú! Quí es el que enrahona? Quí de vosaltres?

Ja s'ha acabat el riure en aquesta casa: á xerrar are! *(Agafant al Joseph.)* Tú'l germá gran: de qué réyau aquell vespre aquí y á la hermita? Que devant de Deu us n'enréyau! Parla! Parla! *(Removentlo, tenintlo agafat per un ó'ls dos brassos. Las donas esparveradas corren d'un lloch al altre.)*

PEPA

Marta! Marta!

MANELICH, *deixant al Joseph y anant á la Pepa.*

Nó; á la Marta nó; á mí; que vull qu'enrahonis!
(Aixó d la Pepa.)

PEPA

Qué t'has tornat boig?
(La Antonia riscla.)

MANELICH, *agafant pel coit á la Pepa.*

Sí qu'ho soch de boig, sí. Mes jo tinch fam y set de que m'ho digas!... Y sinó aquí mateix!...
(Anantla á escanyar.)

NANDO

Manelich!

PEPA

Preguntaho al Xeixa!

MANELICH, *deixant en sech á la Pepa.*

Al Xeixa!...

JOSEPH, *al Perruca.*

Está rabiós aixó!

PERRUCA

Jo no hi torno aquí!

MANELICH, *com tornant en si.*

Has dit al Xeixa? Mira, per caritat, escolta! Nó, no fugis! Dígamho tot! Tu has anomenat al Xeixa!?...

NANDO, *perque no enrahoni.*
>No, Pepa!

PEPA
>Nó, si jo no...

(No sab cóm escusarse.)

MANELICH
>Perdónam de tot, y dígamho! *(Tornant á la energía y á la feresa.)* Parla! Per Nostre Senyor, que parlis! *(Altre cop furiós.)* Malehida!

PERRUCA
>La Marta es aquí.

ESCENA VII
MARTA, MANELICH, PEPA, ANTONIA, JOSEPH, NANDO y PERRUCA. La Marta ha apartat la cortina y's queda aturada.

MANELICH, *asseyentse abatut. Apart.*
>Ah, Deu meu! Que jo no puch viure! Que are sí que no puch viure!

MARTA
>Qué voléu aquí?

JOSEPH
>Vením á moldre, que'l Mossen ens ha dit...

MARTA
>La mola es allá fora.

PEPA
>Veurás: com que no teníam pressa.

MARTA
>Be, sí, aneu; que aquí no hi teníu feyna.

(Surten murmurant á mitja veu. S'emportan el blat que ja s'havian deixat á la porta.)

ESCENA VIII
MARTA y MANELICH

MANELICH, *assegut lluny de ta taula. Apart.*

El Xeixa? El Xeixa!... Donchs aquell home era'l Xeixa?

MARTA, *parant la taula d'un cap. Apart.*

Y quina pena que'm fa'l mirarlo! Y are á menjar ab la amargor tancada aquí dintre!

MANELICH, *apart.*

Si ja m'ho podía pensar jo qu'ho era'l Xeixa! *(Alsantse y anant nirviosament per ta escena.)* Si no ho sé que ho va fer que no vaig entrar á la cambra d'ella per degollar á aquell home! Y després á n'ella! A n'ella! *(Pausa.)* Pts! Es que per aixó'm va voler la Marta: perque ja ho veya que no'm revenjaría! *(S'ha tornat á seure.)* Aquella nit no vaig ferho perque jo en el mal... si ni tantsols hi creya. Are sí, are sí, que ja se m'han encomanat totas aquestas miserias de la terra baixa!

MARTA, *apart.*

Cóm ferho jo per parlar forsa ab aquest home, y qu'ell me parli! Cóm! Que jo no'l vull sempre callat ab mí, despreciantme! Vull que'm castigui! Y m'arrossegui per terra! Y que'm tracti com á una cosa seva! *(Cridantlo ab por.)* Manelich!

MANELICH, *com si no la hagués sentida. Apart.*

Sentintla, quí ho diría que no fos una noya qui parla!

MARTA

Manelich!... Que...'l dinar ja es á taula

MANELICH

Ah. sí; el dinar. El dinar. *(S'ha acostat á la tauta, y comensa á llescar pa. La Marta mentrestant ha anat á la llar. Apart.)* Y que no costa gayre, nó, de degollar á un home! Y á n'ella... á n'ella menos!... *(Se troba ab la mirada de la Marta que torna.)* Si ella no'm mirava! Ah!
(Llensa la ganiveta sobre de la taula.)

MARTA

    Pósaten tu, Manelich.
(Ell se'n posa: després ella. Pansa; menjan.)
MANELICH, *apart.*

    Qui fos golut com allà dalt! Perque'ls goluts no pateixen. Si no'm pot passar res per aquí dintre!
MARTA, *baixeí.*

    Ay Deu meu! Ajudéume!
MANELICH, *apart.*

    Pts! Que l'ajudin!
(Va a enrahonar y s'atura.)
MARTA

    Qué? Digaho! Qué anavas a dir?
(Va cap á n'ell.)
MANELICH, *apartantla ab el bras*

    Res, res; apártat!
MARTA

    Parla un cop á la vida! Jo t'ho demano, per...
MANELICH, *sarcástich*

    Per qui m'ho demanas?
MARTA

    Per... per...
MANELICH

    Per... ell? Per quí? *(Esperant que ella diga.)* Y quin fástich que'm fa aquesta dona! Eh! Afártat tu sola! *(S'aixeca.)* Jo me'n torno á las mevas montanyas!
(Se'n va cap á la porta.)
MARTA

    Nó, Manelich, nó! Y escóltam!... y perdónam!
MANELICH, *molt exaltat.*

Qué't perdoni? Ira de Deu!... Qué t'havia fet jo? Enrahona! Per qué m'avías d'enganyar á mi? Per qué?

MARTA

Perqué no era ningú jo! Qu'era sense voluntat, y obehía! Y ni t'havia mirat may! Ni t'estimava! Ni sabía qué era tenir voluntat per un altre!

MANELICH

Donchs per qué t'has casat ab mí, y no't vas casar ab aquell home! Dígaho!*(Rabiós sempre.)* Que jo no ho sé'l per qué, y'm consumo, y'm torno boig per saberho! *(Corrent á ella.)* Per què? Per què? Respónme!

MARTA

Ah, aixó nó! Aixó nó! Que tu m'aburrirías encare més del que m'aburreixes!

MANELICH

Aburrirte? Matarte hauría de fer jo, qu'es sols lo que mereixes!

MARTA

Oh, sí, matarme, sí; qu'aixó es lo que desitjo!

MANELICH

Nó, nó: avans anármen. Anármen d'aqui per sempre!

MARTA, *rabiosa per aturarlo.*

Es que no gosas a parlarme! Nó nó; no t'atreveixes! *(Anant darrera d'ell desesperada.)* Es que'm tens por; me tens por, á mi! Cobart! Por! Por!

MANELICH, aturantse.

Que... Que jo't tinch por?...
(Al aturarse ell, ella cambia de cop plorant perque's quedi.)

MARTA

Parlam! Insúltam! Pégam! Mes no te'n vagis!
(S'abrassa als seus genolls sanglotant.)

MANELICH

    Déixam anar, qu'aixó es un toll de miserias! Eh! Revólcathi! *(Desprenentse d'ella y anant cap a la porta. Ella cau apoyantse en un bras á terra.)*

MARTA, *per aturarlo, rabiosa, rihent y plorant.*

    Sí, sí; ab el que jo estimo! *(Agenollada avansa cap á la porta.)* Que t'he enganyat á tu! Y tu no'm castigas! *(En Manelich s'atura.) (Apart)* No se'n va, nó!*(Alt, suplicant.)* Manelich! *(Ell, que ha* duptat *tat, va á sortir.)* Y soch tota del altre!... Y de tu no ho soch, no ho soch!

MANELICH, *tornant enrera, amenassantla ab el puny.*

    Que callis! Calla! Calla!
(La Marta s'ha alsat.)

MARTA, *satisfeta de qu'ell no se'n vagi.*

    Y t'he enganyat jo, y estich contenta d'haverte enganyat! Y mira: me'n enrich de tu, com tothom, mira! *(Riu com boja.)* Sí, sí; me'n enrich! Y encare espero al altre!
(Ell corre cap á la taula y agafa la ganiveta.)

MANELICH

    Pel nom de Deu, que aquí mateix!...

MARTA, *corrent á agafarlo del bras esquerra.*

    Sí, sí, t'enganyo! Encare t'enganyo! Que vindrá l'altre!
(Arrenca una rialla feréstega.)

MANELICH, *alsant la ganiveta.*

    Que't mataré!

MARTA, *rihent y plorant.*

    Mátam! Mátam! A que no'm matas!

MANELICH

    Qué anava à fer! No puch, nó!

MARTA, *refermantshi al véurel que s'aparta.*

    Ah, cobart! Que ja's veu que t'has venut per diners!
(Agafantse á Manelich perque la fereixi)

MANELICH

    Donchs té! Malehida!
(Ferintla d'un bras.)

MARTA

    Ah! *(Satisfeta.)* A la fí!

MANELICH, *llensant el ganivet ab espant.*

    Oh, Deu meu! Qué he fet jo!

MARTA

    Es sang! Sang meva! Y tu has sigut!... *(Sostenintse á la taula.)* Oh, quin goig! Si rich! Mira com rich! Y are rich d'alegria!

MANELICH

    ¡Malehit jo! Malehit jo cent cops, que soch com las bestias selvatjinas!
(Quedant assegut en una cadira y rebregantse'l cap entre las mans.)

MARTA, *corrent á ell y cayent de genolls y abrassantshi.*

    Nó, nó! Si't dich qu'estich contenta! Si jo vull que acabi's ab mí! Que jo vull que'm matis! Vina!... Aquí... á dintre'l pit!

MANELICH, *volentse apartar ab terror.*

    Nó! Nó! Déixara!

MARTA, *plorant, sense deixarlo apartar.*

    Si es que jo no puch viure d'aquesta manera'! *(Ella's va apoderant del cor d'en Manelich.)* Que he sigut ab tu la dona més dolenta del món; y aixó no ho puch desfer!... Nil passat de la meva vida tampoch, que no hi ha forsas que ho desfassin! *(Ab desesperació.)* Vina, vina; que en tant que volia viure no he tingut coratje per dirte'l qu'he fet jo y'l qu'he consentit, y are que'm vas á matar, are t'ho diré tot, are!

MANELICH, *que l'ha volguda interrompre.*

    Sí! Dígamho! Dígamho!

MARTA, *sanglotant rabiosa.*

    M'han tractat com á una pedra dels camins, que's fa anar ab

los peus perque rodoli! Mátam! Mátam!

MANELICH, *subjectantla, plorant.*

Marta! Ay, Marta!... Si jo no't puch matar, nó, perque t'estimo, Marta! Testimo! Y t'estimava desde allá dalt, al pujar tu, que jo era un grapat de neu que's va fondre mirante. Y t'he estimat encare més al venir á trobarte, pobre de mí, devallant á salts, com l'aygua dels cims á ajuntarse ab l'aygua de la mar, que diuhen qu'es amarganta! Que ho siga de amarganta; que ho siga: ella atrau com tu m'atraus á mí; perque't desitjo y t'estimo, Marta! *(Ella's vol despendre d'ell ab energia, bregant.)* Y are més, are més; per... perque no ho sé'l perqué, ni'm fa'l saberho! Perque m'has enganyat potser; perque he sentit la calor de la teva sang; perque t'he respirat á tota tu tot jo! Y mira, per mí no hi ha lleys d'assí baix ni res que m'aturi, que'ls llamps y las mastraladas m'han fet lliure, y vull jo, perque ho vull. besarte y mossegarte fins á l'ánima, y estrényet en mos brassos ofeganthi en ells, confonent en un afany rabiós la mort y la vida, com á home y com á fera, que ho soch y ho vull ser sempre home y fera, tot junt, tot, contra de tu y ab tu, y contra tothom, tothom de la Terra. *(La té á ella en sos brassos mitj desmayada. Mira cap á la banda de la cortina y se la emporta rápit á l'altra banda en sos brassos.)* Y are que me la vingan á pendre! Ira de Deu! Que vingan! Que vingan!

MARTA

Deu meu!

MANELICH

Marta: ets meva!
(Aixecantla en sos brassos y anantla á besar.)

MARTA

Nó! Nó!
(No consentintho y fugint d'ell.)

MANELICH

Marta?!

MARTA, *resolta.*

Nó; perdonarme aixís, nó! Que tu'm perdonas perque no ho

sabs tot encare. Donchs á saberho al punt, y per mí mateixa. Y després lo que Deu vulga!

MANELICH

A saberho, sí: mes no assí baix, Marta, que'l cel s'ha enterbolit ab lo baf de tantas miserias, y Deu no't veuría la cara quan parlessis.

MARTA

Donchs allá dalt; y are mateix!

MANELICH

Sí, anémhi, sí, que allá's perdona tot: que no es com aquí baix, hont tot se corromp. Quin fástich! *(Enduyéntsela.)* Que allá dalt, Marta, fins los cossos en la neu se conservan. Ves qué farán las ánimas!

MARTA

Oh, anémhi; anémhi depressa!
(Van á sortir.)

ESCENA IX
MARTA, MANELICH, MOSSEN, després SEBASTIÁ.

MOSSEN

Donchs qué ten ím de nou?

MARTA, *apart.*

El Mossen! Oh, Deu meu!

MANELICH

Oh, y que veníu al punt, á fé! Veuréu: diguéuli al amo que li torno el molí, y... que grans mercés, Mossen. Y... prou; que, vaja, que m'enduch lo qu'es meu. Anémsem, Marta.

MOSSEN, *sens enténdrel.*

Peró... qu'es lo que t'endús?

MANELICH

Y ben clar qu'ho he dit: que me'n enduch á la Marta.

MARTA, *apart.*
 Sí, sí: acabém.
 (Va á sortir.)
MOSSEN
 Tot aixó ho contéu al amo, que ja ha tornat.
MARTA
 Que'l Sebastiá es aquí! Oh, anémsen!
(Ella va á sortir: en Manelich, sens enténdrela, la segueix. En Mossen riu sarcástich. Al ser ella á la porta's troba ab en Sebastiá.)
SEBASTIÁ, *rihent satisfet.*
 Ja t'he atrapat! Míratela, Mossen, que'm sortía á rebre!
(La Marta retrocedeix. En Mossen segueix irónich.)
MOSSEN
 Sí, prou!
MARTA
 Manelich: no t'apartis!
SEBASTIÁ, *que no ha comprés res.*
 Y més content que vinch, Marta! Perque ja s'ha arreglat el meu casament, y aquest vespre mateix arriba'l pare de la meva promesa á donar un cop d'ull per aquí.
MARTA, *apart.*
 Ay Deu!
SEBASTIÁ, *al Mossen.*
 Qué te aquella?
MOSSEN, *rihent.*
 Preguntéuli.
MANELICH
 Ja us ho diré; que me'n vaig ab la Marta.
SEBASTIÁ, *corrent á ella furiós.*

85

Marta: qu'está dihent aquest home! Contéstam! Que'm contestis!

MARTA

Sí, que'ns en aném!

SEBASTIÁ

Marta! Marta! Que tu te'n vas ab ell! Ira de Deu! (*Agafantla per un bras y sacsejantla.*)

MANELICH, *interposantshi.*

Nostramo! Qué feu, nostramo? Qu'es la Marta!

SEBASTIÁ, *al Manelich.*

Y tu qué t'has pensat? Si jo d'aixó'n disposo! Jo, jo'n disposo!

MANELICH

Es meva! Es la meva dona!

SEBASTIÁ, *rihent irónich.*

Teva? Teva la Marta!

MARTA

Sí que ho soch; sí!

SEBASTIÁ

Marta!

MARTA

Tot s'ha acabat; tot! (*Agafantse al Manelich.*)

SEBASTIÁ

Mossen; aquells qus vingan, y tréume d'aquí á aquest home! (*Mossèn va á la porta del porxo y crida á tothom.*)

ESCENA X
MARTA, MANELICH, SEBASTIÄ, MOSSEN, PEPA, ANTONIA, JOSEPH, NANDO, PERRUCA y altres.

MANELICH

A mí? Y per qué m'han de treure á mí?

SEBASTIÁ

Perque aquí jo soch l'amo com avans. De tu, y de tot, y d'ella! D'ella!

MARTA

No l'escoltis! Anémsen, Manelich!

MANELICH

Anémsen!

SEBASTIÁ

Tu endúrtelal Oh, té! Per brètol!
(Pega una bofetada á Manelich.)
MANELICH, *rabiós.*

Ah! A mí!

MARTA

Manelich! *(Ab tristesa; després ab ira.)* Manelich, que t'ha pegat! Revénjathi!
MANELICH, *plorant rabiós.*

Oh, quina rábia! Peró si ell es l'amo!

MARTA

No es l'amo, nó; qu'ell m'ha perdut, A mí! Ell! Ell! Qu'es la meva deshonra!
MANELICH, *á Sebastiá.*

Vos! Oh!... Tu! *(Anantshi á tirar á sobre rabiós.)* Lladre! Pillastre! Lladre! Lladre!
MOSSEN, *als pagesos que contenen al Manelich.*

Treyéulo!
JOSEPH, *ab els altres.*

Correu! Al amo!

MANELICH

Qué't mataré!

87

SEBASTIÁ

Treyéulo! A fora! Com un gos rabiós!

MANELICH

Que vull sa vida! Que jo vull sa vida!

SEBASTIÁ, *anant á la Marta.*

Y aquesta meva per sempre!

MARTA

Manelich!

MANELICH

No! Es meva! Lladre! Ja't trovaré; ja't trovaré, lladre!
(La gent treu al Manelich fora y'l Sebastiá subjecta á la Marta.)

TELÓ

ACTE TERCER

La mateixa decoració dels actes anteriors. Es cap al tart.

ESCENA PRIMERA

JOSEPH, NANDO y després PERRUCA. Al aixecarse'l teló están asseguts y tristos.

JOSEPH

Jo pateixo, Nando; créume que jo pateixo.

NANDO

No cridis, que't pot sentir la Marta.

JOSEPH

Es que l'hem feta massa grossa nosaltres.

NANDO, *alsant la veu.*

Sí que l'hem feta, sí; y que no sé com no'ns cau la cara de vergonya.

JOSEPH

No baladrejis, que li convé quietut á la Marta.

NANDO

Ay, tens rahó! (*Pausa.*) Es que nosaltres no ho havíam de fer alló d'ajudar á treure al Manelich.

JOSEPH

Es que si no l'apartém al Manelich, ab la embestida que duya, pobre del Sebastiá!

NANDO

Bueno; separarlos... es clar; peró no tréurel com á un gos del molí, y de la seva dona. Mírat, jo al costat del Sebastiá no m'hi poso més, mal me reventin. Y déixal qu'entri'l Sebastiá, que las hi vuil cantar claras.

JOSEPH

Jo també las hi vull cantar claras: y si s'ho pren malament que s'ho prengui.
(*En Joseph ha anat á mirar cap al porxo.*)

NANDO

Encare'l Sebastiá es aquí fora, eh?

JOSEPH

Es ab el Mossen. Y fa unas passas amunt y avall de l'era!... Si se li veu que se'l menja la rábia.

PERRUCA, *entra cansat.*

Ja'n vinch jo; y que he corregut tot el camí, d'anada y de tornada.

NANDO

Veyám, conta.

PERRUCA

Y encare l'amo'm diu que soch un ganso jo. Per qué no hi anava ell si tant li convenía?

JOSEPH

Y ahont t'ha fet anar l'amo!

PERRUCA

A que avisés de part seva á la guardia civil de que hi havía un minyó, qu'ell l'ha tret y que's diu Manelich, y que'l busquin y'l vigilin, perque aquest minyó, quan nosaltres el tréyam del molí aquesta tarde, l'havía jurada al amo que'l mataria. Y que jo l'havia sentit quan ho deya.

JOSEPH

Tu ho has dit aixó á la guardia civil?

PERRUCA

Y sí, de part del amo.

NANDO

Ja estás ben fresch! Te farán anar á declarar, y't tancarán ab el jutje...

JOSEPH

Y't farán jurar devant d'un Sant Cristo; y ay de tu si t'erras ó t'entrebancas, que vas á presidi!

PERRUCA

Com que jo he dit que vosaltres també hi érau y qu'ho havíau sentit...

NANDO

No m'emboliquis á mí! Jo no'n sé res d'aixó!

JOSEPH, *anguniat.*

Y jo no hi era, que jo era... Que no senyor, que jo no hi era!

PERRUCA

Gallinas més que gallinas! Vosaltres no hi érau quan ho ha dit el Manelich? Donchs jo tampoch hi era!

ESCENA II
PERRUCA, NANDO, JOSEPH, PEPA y després ANTÒNIA

PEPA

Qué feu? Que la Marta ha volgut descansar una estona!

NANDO, *tornant a baixar la veu.*

Y cóm se trova, cóm?

PEPA

Jo no ho sé ben be, perquè no'n puch treure l'aygua clara. Li pregunto, y ella tant aviat plora com s'enrabia; peró á mí no'm contesta.

JOSEPH

Y á tu qué't sembla? Cóm acabará aquest tripijoch?

PEPA

Cóm acabará, cóm acabará?... Pot acabar de moltas maneras.

NANDO

Jo de tu ho preguntaría á la Marta.

PEPA, *cridant.*

Que no't dich que no'm contesta!

ANTONIA, *ve del cuarto de la Marta.*

Y are, Pepa! Quins crits, dona!

JOSEPH

La Antonia. Que't sembla á tu de tot aixó?

ANTONIA

Si ja está llest aixó: un cop tret el Manelich, la Marta tornará ab el Sebastiá. Y l'altre, mírat, á tornarse bestia altra vegada, y á menar cabras.

PEPA

La Marta no'l podrá veure may més al Sebastiá, que aixó ja ho sé jo. Y'l Manelich, al anarsen, ben clar que ho ha dit que's revenjaría.

PERRUCA

No'n sabém res d'aquestas cosas nosaltres.

NANDO

Res, res. No hem sentit res.

JOSEPH

    Nosaltres no sabem res. Res, res.
(Aixó ho han de dir tots tres casi plegats.)

PEPA

    Jo me'n torno al costat d'ella. Veyám si ho conta tot ab un'altra embestida.
(Se n'hi va.)

JOSEPH

    Calleu, calleu, que ve'l! Sebastiá.

NANDO

    Fem el distret nosaltres.

ANTONIA

    Jo fujo.
(Va cap al cuarto de la Marta sense acabar de desapareixer.)

ESCENA III
SEBASTIÁ, JOSEPH, NANDO, PERRUCA, ANTONIA y després PEPA. S'enfosqueix poch á poch.

SEBASTIÁ

    Antonia!
(No s'adona dels homes que son á l'altre banda.)

ANTONIA

    Vaig á ferli companyía jo.

SEBASTIÁ

    Que jo't crido! *(Persisteix en fugir ella.)* Que no has sentit que't crido!*(S'atura l'Antonia.)* Cóm está aquella?

ANTONIA

    Es al llit, y plora.

SEBASTIÁ

    Dígali que surti, que la estich esperant.

ANTONIA

    Hi corro.

(Se'n va.)

SEBASTIÁ, *apart.*

    Y'l pare d'aquella altre, qu'está per arribar á la masia! Quan tot estava arreglat, no faltaría sinó que are ho hagués embolicat tot aquell pillastre!*(Adonantse dels homes. Alt.)* Ola! Aquí vosaltres? Ja heu vist al Manelich! Després que un home el treu de la miseria!... Feu favors á bestias!

NANDO

    Sí, sí, es clar; no se'n poden fer de favors.

(En Sebastiá segueix passejantse impacient perque no surt la Marta.)

JOSEPH, *á Nando*

    No has dit que t'hi cuadrarías tu?

NANDO, *á Joseph.*

    Y tu també ho has dit.

JOSEPH, *á Nando.*

    Com que sí que m'hi cuadraré.

NANDO, *á Joseph.*

    Y jo, ves.

SEBASTIÁ, *asseyentse prop de la taula. Apart.*

    Y aquesta pitjor qu'ell, perque'l Manelich al cap d'avall... Qué m'havía de pensar jo de la Marta!... La remalehida!...

(En Joseph y en Nando s'han estat incitant l'un al altre pera anar á parlar al Sebastiá.)

JOSEPH

    Nostre amo...

SEBASTIÁ, *pegant un cop á la taula.*

    Qué?

JOSEPH

    Res.

NANDO

Are, jo; veurás. *(Anant á parlar al amo.)* Donchs... Sebastiá...

SEBASTIÁ

Ja l'heu sentit vosaltres al rabiós y al lladre quan se m'anava á tirar assobre; que si no l'aparteu...

PERRUCA

Aquestos, aquestos.

NANDO

Ells, ells.

JOSEPH

Aquestos.

(Dit els tres casi al plegat.)

SEBASTIÁ

Que'm mataría, y que'm mataría!... Ben clar que ho ha dit, eh, noys?

(Impacient, mirant cap al cuarto de la Marta.)

NANDO

Aquestos ho han sentit.

PERRUCA

Ells, prou.

JOSEPH

Jo com que tot avuy que sordejo...

SEBASTIÁ, *apart.*

Aquesta dona'm vol acabar la paciencia!

NANDO, *á Joseph.*

Si no gosas á plantarli cara!

JOSEPH, *á Nando.*

Ja veurás: després tu. Sebastiá: que'l Manelich... es... valent. Oy qu'es valent, nostre amo?

SEBASTIÁ
   Valent? Una bestiota y un pillastre.
JOSEPH
   Aixó vull dir; aixó.
NANDO, *al Sebastiá.*
   Donchs jo dich... qu'es un pillastre... y una bestiota; y no'n trech ni una malla.
JOSEPH, *al Nando.*
   No li haurá agradat gayre lo que jo li he dit.
NANDO, *al Joseph.*
   Y ab quina mala intenció jo, eh?
SEBASTIÁ, *apart.*
   Vaja, que no espero més. *(Alt.)* Marta! *(Anant cap al caarto d'ella.)*
PEPA, *desde la porta.*
   Diu la Marta que no pot sortir are.
SEBASTIÁ
   Que jo mano que surti!
PEPA
   Es qu'está molt trastornada, y de debó, senyor amo... Y vaja, que no vol sortir are.
SEBASTIÁ
   Donchs per forsa, arrossegant!...
PEPA
   Es que...
SEBASTIÁ
   Pel nom de Deu!... Que'm porteu la Marta, ó sinó!...
(Amenassantla. Fuig dintre la Pepa.)
JOSEPH, *als altres anántsen.*

Me sembla que'ns estaríam millor á fora.

NANDO, *sortint.*

No'ns emboliquém, que potser s'esbravaría ab nosaltres.

(Surten ab en Perruca, quedantse al porxo.)

ESCENA IV
SEBASTIÁ y MOSSEN

SEBASTIÁ, *apart.*

No sembla sinó que tothom estigui empenyat en que jo'm perdi avuy! Donchs ja qu'ella no ve...

(Apartant la cortina del cuarto de Marta per entrarhi.)

MOSSEN, *entrant depressa.*

Sebastià: ja'm teniu aquí altra vegada.

SEBASTIÁ

Vens de la masía? Qué hi ha de nou?

MOSSEN

Que passan cosas molt grossas á casa vostra.

SEBASTIÁ

Encare hi ha més per mí! St avuy no'm torno boig, no m'hi tornaré may. Digas.

MOSSEN

Res, que ja ha arribat á la masía'l pare de la vostra promesa.

SEBASTIÁ

Malehit sía l'home! Aixís se li hagués despenyat el matxo al salt de las Falconeras!

MOSSÉN

Ab aixó heu de corre á la masia...

SEBASTIÁ

Ja hi aniré, ja; sinó qu'are no... *(Mossen se'n riu.)*.Que per mí aquesta dona es lo primer del mon, are y sempre.

(Per la Maria.)

MOSSÉN

Sembla mentida!¡Lo qu'érau avans, y com us heu tornat are!

SEBASTIÁ, *furiós*.

Vésten d'aquí! Que te'n vagis!

MOSSÉN

Peró... qu'es que no'm voleu entendre? O us voleu perdre de totas las maneras? Es que l'home ja ho sospita tot lo d'aquí dintre: que tot aixó del casament de la Marta ha sigut una comedia; que per gelosía heu tret al Manelich d'aquesta casa!... Sebastiá, Sebastiá, que aquest home parla de desfer el casament ab la seva filla!

SENASTIÁ

Veshi tu; veshi. Y entretenlo y mira d'enganyarlo.

MOSSÉN

Es qu'anava a baixar aquí al molí; y si hi arriva, tot está perdut!

SEBASTIÁ

Donchs anémhi, anémhi; perquè jo no vull ser pobre, y are menos: per ella.

MOSSÉN

Gracias á Deu, home! *(Cridant als del porxo.)* Vosaltres!

SEBASTIÁ

Estéuse aquí fora y vigileu'l molí. Que ningú entri ni surti.

MOSSEN

Aném.

SEBASTIÁ

Sí, aném. Y jo torno desseguida. Desseguida torno. *(Se'n van precipitadament.)*

ESCENA V

JOSEPH, NANDO, PERRUCA, y travalladors que no's mourán del porxo; després PEPA y ANTONIA, y per últim NURI. S'ha anat fent més fosch.

NANDO, *desde la porta.*

Sabs que l'amo's torna boig?

JOSEPH

Jo'm penso qu'aixó es art del dimoni.

PERRUCA

Jo m'estaré ab els altres per aquí fora.

ANTONIA, *ve del cuarto de la Marta*

Y déixala, Pepa; déixala! Jo no m'hi estich més ab aquesta tossuda!

PEPA, *sortint del cuarto.*

Si es més mal carada!... Ay, qu'es fosch això!

(Encén un llum de sobre la taula)

JOSEPH

Que no vol venir! Veritat, Antonia?

ANTONIA

Que no surt!

PEPA

Jo li preguntava... cosas, per distréurela, y ella ab uns rebufos y un urch, que jo no L'aguanto més: aixis com aixis no s'esplica.

ANTONIA

Ay sí, sí; ens en anirém á casa.

(Se sent plorar á la Nuri al lluny.)

JOSEPH

Nosaltres no'ns podém moure fins que vinga'l Sebastiá.

NANDO

Sentíu? Sembla que algú plora.

JOSEPH

    Sí que ploran.

NURI, *entra plorant.*

    Que jo'm canso d'estar sola á casa! Que no m'hi vull estar més á casa!

PEPA

    Vina, Nuri.

JOSEPH

    Te rahó la Nuri.

NURI

    Que ja no us en recordeu de la pobreta de jo! Y... y's feya fosch, y jo tenía por d'estar tota sola!

ANTONIA

    Per qué no't tancavas?

NURI

    Si ja m'he tancat! Y ay que quan hi penso encare tinch por d'aquella por que tenía! Y ay que al venir semblava que'm corrían al darrera! Y ay qu'estich cansada de corre!

(Plorant afadigada.)

PEPA

    Calla, dona, y reposa.

NURI

    Es que no puch callar jo, que us ho vull contar l'espant qu'he tingut, qu'encare tremolo.

JOSEPH

    Qué ha estat això?

NURI

    Donchs que jo m'estava fent bullir el sopar pera vosaltres, y jo que sento com una veu molt fonda, molt fonda, que vingués no sé d'ahont, y que deya: «Nuri! Nuri!» Y ho deya ab una veu que semblava que sortís d'un pou. Jo que corro y tanco la porta forana, y altre cop més lluny encare... «Nuri! Nuri», que sinó que debía ser d'alguna ánima en pena, jo hauría dit qu'era del Manelich que'm cridava y que patía! *(Com sí, recordantho,'s fes por ella mateixa.)* «Nuri! Nurí!» *(Espantada.)* Ay, si encare m'esgarrifo!

NANDO

Y després qué ha passat?

NURI

Després... res. Ah, sí, L'olla que bullía, bullía; y no he sentit res més; y á mí m'ha agafat la por més forta de no sentir sinó l'olla! Y jo que cantant me'n he anat á la porta y la he oberta d'una revolada. Y cantant he corregut fins aquí.*(Canta un instant baixet.)* «Nuri! Nuri!» Ay quina por! Ay!

(Fent un xiscle esglayada, corre á abrassarse á la Pepa.)

PEPA

Vaja, dona, que m'has espantat á mí!

NURI, *de cop.*

Ahont es la Marta?

PEPA

No está gayre bona.

NURI

No? *(Pensativa.)* La pobrera! *(Mirant á tots que están tristos.)* Y vosaltres feu un posat... Com si estessiu tristos.

PEPA, *fent el cor fort.*

Sí tristos!

(Tots riuhen per forsa. Torna d entrar en Perruca.)

NURI

Quina mena de riure que feu!... *(De cop.)* Y ahont es el Manelich?

PEPA

Oh, per aquí deu ser.

NURI
 Ahont?
NANDO
 Sí, sí; ja hi es, ja.
ANTONIA
 S'haurá dormit.
JOSEPH
 Y sí, s'haurá dormit per aquí.
NURI
 M'ho diheu tot d'una mena de manera...
PEPA
 Donchs cóm vols que t'ho diguém?
NURI, *als home*s
 Y per qué no'ns en aném á casa?
JOSEPH
 Esperém al...que'ns ha dit qu'esperessim.
NANDO
 Al Sebastiá, que vol que vigilém, y... *(Els altres li fan senyas perque calli.)*res més.
NURI
 Qué vigileu? El qué?
JOSEPH
 Oh, cosas! Sabs? Cosas.
(Tots ho diuhen.)
NURI, *arrencant en plor.*
 Ay Deu meu que no sé'l qué passa! *(De cop va á mirar al cuarto de la dreta.)* jo vull veure al Manelich! *(Tots parlan baixet reptantse.)* No hi es!*(Cridant.)* Marta Manelich!
(Vot anar al cuarto de la Marta)

101

PEPA, *no deixantla passar.*

No cridis!

ANTONIA

Ahont vas?

NURI

Que jo'l vull veure! Que Jo'l vull veure!

NANDO

Mossota!

NURI

Donchs vull tornar Á plorar! Que vull tenir ganas de plorar jo! Que al Manelich li ha passat alguna cosa!
(La volen fer callar.)

PEPA

Peró dona!...

NURI

Que potser ja es mort! Y que l'heu mort vosaltres tres, que'l féyau enrabiar massa, al pobret! Dolents, que no teniu bon cor, nó. Y, ay, que'ls meus germans son dolents, pobreta de mí, que son dolents!
(L'han volguda fer callar, y acaban per abaixar el cap avergonyits.)

NANDO, *als germans.*

Nosaltres sols hem cregut al amo, y no li hem fet cap mal.

JOSEPH, *id.*

L'hem tret de casa perque'ns ho ha manat l'amo. Y que n'estém empenedits.

NANDO

De tot ho estém, de tot.
(Els altres també ho diuhen á mitja veu.)

NURI

Sí? Donchs aixís ell tornará. Ay, que n'estich de contenta! Y are jo'l crido fins que'm reventi cridantlo, y veuréu com torna.

JOSEPH

    Qué dius!

PEPA

    Estigas quieta aquí

NURI, *volent sortir.*

    Si are no'm fa por el Manelich! *(Tots l'aturan.)*

PERRUCA

    Nuri!

NANDO

    Que no ho vol l'amo!

NURI

    Peró vosaltres sí; deixéume!...

(S'escapa d'ells y va á sortir.)

JOSEPH

    Que no cridis!

PEPA

    Aquí Nuri!

ESCENA VI

MARTA, NURI, PEPA, ANTONIA, JOSEPH, NANDO y PERRUCA

MARTA, *desde la porta.*

    Nuri!

NURI, *ananthi.*

    La Marta! La Marta!

MARTA, *abrassantshi.*

    Nuri!

NURI

    La pobreta Marta! Sabs el Manelich?... L'han tret com si no fos ningú, ves!

MARTA

Ja ho sé, Nuri; ja ho sé. Ajúdam á caminar.

PEPA

Nosaltres te sostindrém.

MARTA

Apartéuvos vosaltres. *(Plora en silenci.)*

JOSEPH

Nosaltres no més ho hem fet per obediència!... sabs?

MARTA

lnfelissos!... Per obediencia m'heu tingut sempre malicia, á mí que may us havía fet cap mal á vosaltres! Y per obediencia us heu rigut del Manelich, y lheu martiritzat! Qué us havía fet ell perque'l maltractessiu axís? Qué us havía fet?

NURI

No ploris, nó. Que jo no vull que ploris! *(Tant aviat la Nuri s'aixuga'ls ulls com els aixuga á la Marta. Ets altres estan ab el cap baix avergonyits.)*

MARTA

Y are per qué priveu de que'l cridi la Nuri? Qué se us endona à vosaltres?... Si lo que vull jo es anármen ab ell, ab el meu marit, amunt, sempre montanyas amunt, fins allá ahont no trobém gent que s'enriga de nosaltres! Y si encare'n trobessim, y si fins arribessin las riallas al cim de la més alta de las montanyas, y si encare algú hi pujés d'assí baix á ríuressen d'un home perque ha perdonat á una dona empenedída que vol tornar á ser honrada, ens en anirém encare més amunt, més, que jo l'estimo, y allá ahont es Deu no s'enriuhen, nó, dels qu'estiman y perdonan.

NANDO, *a mitja veu.*

Y massa rahó que té!

PEPA, *id.*

No sé perque ho havíam de fer.

PERRUCA

Pobre dona! *(Tots tristos y plorosos.)*

NURI

Veus, Marta? Si jo'm penso que ploran! Si tots t'estiman! Oy que sí? *(Tots fan que sí ab el cap)* Au, vina ab mí; te trobarás ab ell y us en aneu plegats.

MARTA

Oh sí, aixó sí; ab ell! *(Va á sortir ab la Nuri.)*

NANDO

Es qu'aixó... no pot ser.

JOSEPH

Si no fos el Sebastiá, prou, Peró'l Sebastiá no ho vol...

MARTA

Ja ho veus, Nuri: no'm deixan sortir d'aquí dintre! *(Tots s'acostan á la Marta volentse escusar.)*

NURI

No li digueu res é la Marta. Que no li sabeu dir res bonich pera aconsolarla. Vina, déixals; vina. *(Se la emporta á un costat.)*

JOSEPH, *a mitja veu.*

Donchs jo me'n vaig, qu'are'm fa molta pena aquesta dona.

PEPA

Y á nosaltres també.

NANDO

No'ns ha dit l'amo que vigilessim de fora estant? Donchs anemhi.

ANTONIA

Sí, anémhi. *(Van sortint.)*

JOSEPH, *tomant enrera.*

Si vols tancar, Marta... Nosaltres ens en aném á fora, que no't volém fer nosa.

ESCENA VII
MARTA y NURI

MARTA

Tu no te'n vagis, Nuri.

NURI

Nó, nó; jo ab tu. Ningú t'estima tant com jo. Estiguemnos ben soletas totas duas? Vols que tanqui?

MARTA

Sí: tanca, tanca.

NURI

Donchs té, ja estÁ. Y are qué farém? *(Riu bondadosament; després segueix de cop.)* Parlem del Manelich are?

MARTA

Ay, Nuri, que m'estich morint d'angúnia aquí dintre! Qu'aquestas parets se m'están cayent assobre, y darrera d'ellas me sembla que hi ha'l Sebastiá que m'arrossega y se m'emporta! Ah, nó; aixó nó; que jo vull sortir d'aquesta casa pera anármen ahont es el Manelich, que jo no ho sé pas ahont es. Mes si pogués fugir, jo'l trobaría.

NURI

Mira, Marta: jo no ho entench tot aixó, sabs? Ní tampoch ho entench que no t'hagin deixat sortir els de casa. Malviatje ells, ves que't dich!

MARTA

Els de casa teva son uns...

NURI, *molt trista.*

No ho diguis, Marta; no ho diguis. Ja ho sé, ja! Pero son els de casa y... no ho diguis!

MARTA, *abrassantla.*

Nurí: que t'estimo Nuri!

NURI

Té, are'm tinch malicia á mí mateixa! Y una mena de malícia

més regrossa que'm tinch, que jo mateixa'm bofetejaría!

MARTA

Y per qué, Nuri?

NURI

Perque no sé cóm ho podria fer jo perquè t'escapessis, desseguida, desseguida.

MARTA

Ay sí, perque si torna'l Sebastiá!... Deu meu, que no'm trobi aquí dintre!

NURI

Are'm voldria tornar el senyor rector jo; perque ell ho sab tot, y ja me la empescaría, ja, la manera de que t'escapessis. *(Rumiant.)*

MARTA

Y ells s'están allí fora asseguts, vigilant que no me'n vagi! Míraho, Nuri; míraho.

NURI, *obrint una escletxa.*

Sí que hi son, sí,'ls de casa: que han posat un llum aprop de la porta perque si t'escapas te vegin.

MARTA

No me'n puch anar, nó!

NURI, *rumiant.*

Espérat, espérat!

MARTA

Qué hi ha, Nuri?

NURI, *molt alegre.*

Que m'abrassis, vina! Y que ja no vull ser el senyor rector, y que'm donguis las gracias, perque are mateix vas á sortir d'aquí dintre!

MARTA

Jo, Nuri?

NURI, *rihent.*

Miréusela, miréusela que contenta! *(Escarnintla.)* Jo, Nuri? La meva tafanerota y la meva hermosura!

MARTA

Nó, si no pot ser! Si ja ho sé que no pot ser!

NURI

No cridis; calla. No ho sents que't dich que te'n anirás desseguida? Y jo ho hauré fet; jo, jo sola! Oy que li dirás al Manelich que jo ho he tramat? Y mirat, li donas espressions de part meva, sents? Y li dius que quan pugui que me n'envihi ell d'es pressions. Y, ay, que n'estich de contenta!

MARTA

Mes cóm, cóm Nuri? Esplícat, corre!

NURI

Veurás, y depressa, depressa. Jo are surto, y tu tornas á tancar desseguida! Y jo me'n vaig al rotllo que fan els germans y'ls altres, y'm posaré à jugar ab ells, y la nit es molt fosca. *(Riu Nuri.)* Y.tu ja haurás apagat aquest llum. M'entens, m'entens are?

MARTA

Nó, nó; digas, digas.

NURI

Ay, y que ruca qu'es aquesta xicota! Donchs com que la nit es fosca, jo, jugant ab ells, els hi donaré un trompasso y'ls hi apagaré'l llum. Y mentres qu'ells el volen tornar á encendre y tot fent la boja ho embolico tot, tu obras la porta y t'éscapas.

MARTA

Ay, sí, Nuri, sí: desseguida, desseguida!

NURI

Donchs au, que me n'hi vaig are.

MARTA, *anguniada.*

Espérat, espérat. Y cóm ho sabré quan haig de fugit jo?

NURI
Ay batúa... Y quin entrebanch qu'ha sortit are! *(Rumiant.)* Donchs ho sabrás... ho sabrás... ja ho tinch: ho sabrás perqué faré una forta rialla; ben forta, ben forta!

MARTA
Ay gracias á Deu! Sí, sí, corre, Nuri.

NURI
Un petó avans.

MARTA
No un petó; mil. Té, té; y que Deu Nostre Senyor t'ho pagui.

NURI
Y are fins... cóm ho diré jo?,.. Donchs fins á la rialla.

MARTA
Sí, surt, depressa.

(La Nuri obra la porta y desapareix; torna després á treure'l cap.)

NURI
Y escolta: que no te'n descuydis: dónali espressions de part meva, sents?

MARTA
Sí, sí, *(Desapareix la Nuri.)* Qué bona qu'es, Deu meu; qué bona!

ESCENA VIII

MARTA
Y are á esperar! A esperar! *(Se posa un mocador al cap)* Si'm sembla que fa un any qu'espero! Ay Manelich! Ah!'l llum, ja no hi pensava. Aíxís no'm veurán quan obri la porta. *(Ha apagat el llum, quedant la escena illuminada per la llar.)* Y si me'n anés per la d'allá dintre?... *(Per la porta de la cortina.)* Nó, nó; que també vigilan, y si'm topava ab el Sebastiá que venía, ay Reyna Santíssima!*(Acostantse á la porta que va al porxo.)* Per aquesta! Per aquesta! Ay Deu meu: m'ofego!... Ayre, ayre! *(S'asseu y's torna á alsar tornant á la porta.)* No tant lluny: escoltant,

escoltant. Parlan, sí. Mes no la sento á n'ella. Are, are... No es la Nuri, nó! Are enrahona!... Y no riu ningú. Per qué no riuhen? A riure!. A riure! Y si la emprivessin d'apagar el llum? Nó, nó, que Nostre Senyor l'ajudedará á n'ella *(Se sent una rialla de la Nuri.)* Are. Al últim! Gracias á Deu! Fujo; fujo!

(Obra la porta y va d sortir.)

ESCENA IX
MARTA, SEBASTIÁ

MARTA, *trovantse ab el Sebastiá.*

Ah!

SEBASTIÁ

Quí hi ha aquí? *(Entrant y ajustant la porta.)*

MARTA, *apart.*

Ah! El Sebastiá! *(Corrent á primer terme.)*

SEBASTIÁ

Qui es que sortia? Tu! Ahont anavas are?

MARTA, *apart.*

Verge Santíssima, amparéume!

SEBASTIÁ

Que't pregunto ahont anavas á aquesta hora! Que't mano que'm respongas ahont anavas!
(Agafantla per un bras.)

MARTA

Déixam! Que't dich que'm deixis!

SEBASTIÁ

Si estàs morta de por! Si tota tremolas! *(Deixantla anar ab despreci.)* Ves, ves que'm fas llástima!

MARTA, *apart.*

Ah, que'm voldría morir are!

SEBASTIÁ

Y mírat, tréute'l mocador del cap; tréutel, que t'está

descubrint. *(Ella se'l treu depressa; ell se, posa á riure.)* Veus, dona; veus com te'n anavas?

MARTA, *resolta.*

Donchs sí, sí; me'n anava; y me'n vaig d'aquí, que níngú te dret d'aturarme!

SEBASTIÁ

Aixís m'agrada; aixís. Que t'atreveixis á dirmho á la cara.

MARTA

Sebastià; jo t'ho demano; déixam sortir d'aquesta casa!

SEBASTIÁ

Sí la sento y no'm sembla que es ella mateixa! *(Rihent sarcástich.)* Que la deixi sortir!

MARTA

Oh, no riguis, no riguis! Sebastiá: per Deu, no riguis!

SEBASTIÁ

Que no rigui? Qué vols que fassi, donchs, sentinte jo? Que vols que't fassi trossos y que t'esclafi aquí mateix ab els peus? *(Rihent)* Nó, nó; si val més que me'n riguí!

MARTA

Donch vésten tu; vésten y déixam; y cala foch al molí, si vols, y mátamhi á dintre.

SEBASTIÁ

Que jo't deixi sortir... ó que me'n vagi, ó que't mati!... Per quí m'has pres tu? Que jo't deixi sortir? *(Corrent á la porta.)* Donchs mira si't deixo sortir! Mira, mira; surt are. *(Tancant la porta.)*

MARTA

Nó, nó; aixó no! Obra, per Deu; obra!

SEBASTIÁ

Nó; aquí tancats tu y jo, tots sols! Aquí s'ha acabat el mon pera nosaltres. Y tot lo del mon: terra, y cel, y tot; tot es aquí dintre!

MARTA, *retrocedint.*

Jesús Deu meu!

SEBASTIÁ

Tu'm vols á mi. A mi tot sol, perque ho he sacrificat tot per tu; perque jo he sufert com un condempnat portante á aquest home, pergue jo't necessito per respirar y per viure, que sense tu no puch viure ni respirar!... Y mira, 'l que jo no vull, perque'm desespera, es que'm diguis que á n'ell te l'estimas! *(Desesperat.)* Aixó nó, aixó nó!

MARTA

Que no t'ho diga que me l'estimo jo? Que aixó't fa rabia y't desespera? Ay gracias á Deu que m'has donat una alegria en aquest mon! Sí, sí, me l'estimo. Me l'estimo ab tota la meva vida, y ab tota la meva sang, y ab tota la meva ánima que me l'estimo!

SEBASTIÁ

Calla, calla!

MARTA

Si encare que m'escanyessis, com t'ho estich dihent t'ho diria. Si es lo únich que puch dir en aquest mon sense que me'n dongui vergonya!

SEBASTIÁ

Qu'has de callar, te dich!

MARTA

Si es que tinch de defensarme jo per ell! Per ell y tantsols per ell! La Marta... no es res la Marta; mes la dona del Manelich ho es tot, perque es la seva dona!

SEBASTIÁ, *desesperat.*

Tu m'has volgut perdre y t'has sortit ab la teva. Res me fa que tot s'esgavelli y que per mí tot s'acabi! Y ja está dit: que tu te'n vens ab mí á casa meva, y si'm perdo jo'ns perdrém plegats, que has sigut meva, y ets meva, y serás meva!

MARTA

Vésten!... Primer que aquí se m'obri la terra y se me'n dugui!

SEBASTIÁ
 Que s'obri, sí; mes per tots dos, y tots dos condempnemnos!
MARTA
 Déixam! Calla!... Manelich!
SEBASTIÁ
 Oh, no l'anomenis!
MARTA
 Manelich!
SEBASTIÁ
 Tu te'n vens ab mí are!
MARTA
 A trossos m'hi durás: viva nó, ni arrossegatme!
SEBASTIÁ
 Viva ó morta! Qué'm fa? *(Agafantla.)*
MARTA
 Nó, apartat! Que nó!
SEBASTIÁ, *rihent bestialment.*
 Si encare t'estimo més aixís! Si quant més rabiosa més t'estimo!
MARTA
 Déixam! Déixam!
(Desprenentse d'ell y corrent al mitj.)
SEBASTIÁ
 Mírat que'm torno boig y que per tot veig sang!...
MARTA
 Si t'acostas, ja que no't puch matar, t'unglejo la cara y t'escupo! Ab mí t'atreveixes, cobart: ab el Manelich no!
SEBASTIÁ
 Ab ell, y ab tu, y ab tot el mon per tu!

(Ananthi.)

MARTA

No t'acostis! Nó! Manelich!

SEBASTIÁ, *corrent á agafaria.*

Donchs are ho veurás!

ESCENA X

MARTA, SEBASTIÁ y MANELICH, per la porta del cuarto de la Marta.

MANELICH, *interposantshi.*

Que are ho veurá li has dit? Are ho veurém nosaltres!

MARTA, *abrassanishi.*

Manelich!

MANELICH

Marta!

SEBASTIÁ, *que ha retrocedit.*

Tu aquí? Per hont has entrat?

MANELICH

Per hont entravas tu! Per la teva porta d'amo y de lladre! Donchs qué't pensavas? T'he espiat y t'he seguit. Arrossegantme he arribat á la paret y m'hi he arrapat ab els dits y ab las unglas!... Y ja soch aquí! Y ja estém sols! Y ja estém cara á cara!

SEBASTIÁ

Vésten d'aquí, ó sinó!...

MANELICH, *rihent.*

Que me'n vagi! Se creu qu'encare'm mana á mí, al que ho aguanta tot! Aixó's pensa, aixó. Marta! Donchs nó; que ja tot s'ha trasmudat aquí dintre, que are'l qui mana soch jo. Y are ho veurás si soch l'amo!

SEBASTIÁ

L'amo tu? Espérat, donchs!

(Intentant anar á obrir la porta.)
MARTA, *comprenentho.*
　Manelich!
MANELICH, *corrent á la porta.*
　No t'escapas! Cobart! T'he dit que sols jo y tu! Que vinch per ella, qu'es meva. Y que vinch per tu; com que vinch á matarte!
SEBASTIÁ
　A mí!... Tu á mí?
MANELICH
　A tu! A tu!
SEBASTIÁ
　Es que jo també sé matar homes!
MANELICH
　Y jo llops! Aquí la tens á la Marta! No la volias? Aquí la tens! A endúrsela'l qui puga, que ab sang se guanya! *(Treyentse un ganivet.)*
SEBASTIÁ
　Ah cobart, que vens armat!
MANELICH
　Del cor més... més que tu; del bras nó, ni'm cal, que l'arma'm sobra. *(Llensantla á terra.)* Té; mírala.
MARTA, *corrent al Manelich.*
　Qué fas!
MANELICH, *apartantla.*
　Apártat! Y are ja estém iguals. Qué esperas?
SEBASTIÁ
　Donchs t'has perdut, que't mataré!...
(Corrent per agafar el ganivet qu'es á terra.)
MARTA
　Ah!

MANELICH, *posanthi'l peu á sobre.*

    Nó; aixó nó! Au, corre, agáfal are!

SEBASTIÁ, *retrocedint.*

    Malehit sía jo!

MANELICH

    No hi has sigut á temps! (*Riu feréstech.*) Donchs are tot s'ha acabat per tu! (*Tirantse á sobre del Sebastiá.*) A morir are!

MARTA

    Oh, Deu meu!

SEBASTIÁ

    Jo! A tu't mataré!

MANELICH, *tenintlo agafat pel coll.*

    Defénsat si pots, cobart! Defensat!

SEBASTIÁ

    Ma gent! Aquí!

MANELICH

    Crida als gossos de presa! Crídals!

SEBASTIÁ

    M'ofego!

MARTA, *cayent agenollada.*

    Reyna Santíssima!

MANELICH

    Ni pots defensarte! Ni'n sabs! Ni't valdría! Qué 'm fa? Té, móret, y móret de cara á n'ella! *(Llensantlo de cara á la Marta.)*

MARTA, *alsantse esglayada.*

    Ah! Jesús!

MANELICH

    Aquí'l tens... al amo! *(Pausa. Corre després á obrir la porta.)* Tothom aquí! Veniu! Tothom aquí!

ESCENA XI

MANELICH, SEBASTIÁ, MARTA, PEPA, ANTONIA, JOSEPH, NANDO, PERRUCA y ALTRES. *Marta está mitj desmayada, sostenintse en la taula per no caure.*

NANDO, *en veu baixa.*

Qué passa?

MANELICH

Que us cridava l'amo.

JOSEPH, *en veu baixa.*

Mort!

PEPA, *íd.*

Jesús!

(Esclamació de tothom al veure'l cadavre.)

MANELICH

Y are vosaltres á riure forsa! A riure! Y tu, Marta, vina!

MARTA

Sí, sí! Anémsen, anémsen!...

MANELICH, *emportánsela á brassos.*

Lluny de la terra baixa! *(Perque li obrin pas.)* Fora tothom! Apartéuse! He mort al llop! He mort al llop! He mort al llop!
(Ho va repetint cridant mentres s'allunya.)

TELÓ

Also available from JiaHu Books:

Cantares gallegos - Rosalía de Castro
Os Lusíadas - Luís Vaz de Camões
Il Principe - The Prince - Italian/English Bilingual Text - Niccolo Machiavelli
The Social Contract (French-English Text) - Jean-Jacques Rousseau
Lettres persanes/Persian Letters (French-English Bilingual Text) - Charles-Louis de Secondat Montesquieu
What is Property? - French/English Bilingual Text - Pierre-Joseph Proudhon
Manifest der Kommunistischen Partei Manifesto of the Communist Party (German/English Bilingual Text)- Karl Marx
Also sprach Zarathustra/Thus Spoke Zarathustra - Friedrich Nietzsche
Jenseits von Gut und Böse/Beyond Good and Evil (German/English Bilingual Text) - Friedrich Nietzsche
Die Verwandlung – Metamorphosis - Franz Kafka
Det går an - Carl Jonas Love Almqvist
Drottningens Juvelsmycke - Carl Jonas Love Almqvist
Röda rummet – August Strindberg
Fröken Julie/Fadren/Ett dromspel - August Strindberg
Brand -Henrik Ibsen
Et Dukkhjem – Henrik Ibsen
(Norwegian/English Bilingual text also available)
Peer Gynt – Henrik Ibsen
Hærmændene på Helgeland – Henrik Ibsen
Fru Inger til Østråt -Henrik Ibsen
Synnøve Solbakken - Bjørnstjerne Bjørnson
The Little Mermaid and Other Stories (Danish/English Texts) - Hans-Christian Andersen
Egils Saga (Old Norse and Icelandic)
Brennu-Njáls saga (Icelandic)
Laxdæla Saga (Icelandic)
Die vlakte en andere gedigte (Afrikaans) - Jan F.E. Celliers

www.ingramcontent.com/pod-product-compliance
Lightning Source LLC
Chambersburg PA
CBHW031405040426
42444CB00005B/421